Liesel Baumgart

Foxterrier

Anschaffung · Pflege · Erziehung

FALKEN

Inhaltsverzeichnis

Inhaltsverzeichnis

Das Wichtigste auf einen Blick

Vorwort

Stellen Sie sich einmal vor, wie dieses Buch entstanden ist: Die Autorin sitzt im Sommergarten, auf dem Tisch vor sich das Manuskript und eine Thermoskanne mit Eistee, unter dem Tisch ein Foxterrier und eine Wanne mit kaltem Wasser, das der Autorin zur Abkühlung der Füße und dem Foxterrier gelegentlich zum Trinken dient. Genüßlich kaut der Foxterrier an einem Ochsenziemer, der in seiner Sandkiste versteckt war und den er gerade ausbuddeln durfte. Da bekommt der Nachbar Besuch. „Wäffwäff!", rennt der Foxterrier zum Zaun. Die Haustür des Nachbarn fällt ins Schloß, schon liegt der Foxterrier wieder zufrieden knabbernd unter dem Tisch, zunächst noch mit wachsam erhobenem Kopf, schließlich schlafend auf der Seite. Ein Rascheln in Nachbars Obstbüschen – schon ist der aufmerksame Foxterrier wieder hellwach, läuft zum Zaun und meldet einen Igel, der sich in den Vogelschutznetzen zu strangulieren droht und natürlich sofort gerettet wird. Der verwaiste Ziemer wird in ein Stück Konzeptpapier gewickelt, auf den Rasen geworfen, vom Foxterrier als Beute erkannt und sofort mit geschickten Pfoten ausgepackt. Zwei freche Spatzen nehmen ein Sandbad in Foxls Sandkiste – gleich ist er zur Stelle!

Diese Szenen allein veranschaulichen das ganze Wesen des Foxterriers: ein anhänglicher, liebenswürdiger Familienhund, ein selbstbewußter Wächter und ein arbeitseifriger, geschickter Jäger.

Damit auch Ihr Foxterrier so ein glücklicher Hund sein kann, sollte er seiner Veranlagung gemäß gehalten werden. Wer einen Foxterrier zu sich nehmen möchte, muß sich darüber im klaren sein, daß dieser Hund es dem Menschen nicht leichtmachen wird. Nehmen Sie Ihre „elterliche" Verantwortung für das auf Lebenszeit adoptierte vierbeinige Familienmitglied ernst! Vernachlässigen Sie Ihren kleinen Gefährten nicht – er braucht reichlich Auslauf, Spiel, Pflege und Zuwendung. Werfen Sie nicht die Flinte ins Korn, sollte der selbstbewußte kleine Kerl Ihren Erziehungsversuchen immer wieder trotzen,

sondern überlegen Sie, was Sie selbst falsch gemacht haben könnten. Der anhängliche, familienbezogene Foxterrier leidet sehr, wenn Sie ihn aufgrund eigener Unfähigkeit einfach weggeben! Gewinnen Sie aber erst das Herz eines Foxterriers, wird er mit seiner ansteckenden Lebensfreude Ihr Leben sehr bereichern.

Marne, im August 1996
Liesel Baumgart

Der Foxterrier einst und jetzt

Um die Eigenarten eines Rassehundes zu verstehen, sollte man seine ursprüngliche Bestimmung und das Zuchtziel kennen.

Erste Aufzeichnungen über den Foxterrier stammen aus dem 14. Jahrhundert. Der Name leitet sich vom englischen „fox" = Fuchs und vom lateinischen „terra" = Erde ab. Für ihre Parforcejagden brauchten die Engländer einen Erdhund, der sich farblich gut von der Beute unterschied und der klein genug war, um während der Hetzjagd der Laufhundmeuten (Beagles, Foxhounds, Bassets) in den Satteltaschen der Pferde mitgeführt zu werden, damit er frisch und munter im Bau die Arbeit der Laufhunde beenden konnte.

Fuchs und Dachs soll der Foxterrier auch heute noch möglichst unversehrt heraussprengen, sie notfalls aber auch in den unterirdischen Gängen abwürgen. Heftige Kämpfe, bei denen der mutige Foxterrier schwer verletzt werden kann, gehören bis heute zum blutigen Jagdalltag. Ferner wurde der Foxterrier für die Wasserarbeit (Otter und Enten) eingesetzt.

Wie die Meutehunde wurden Jagd-Foxterrier früher oft in Zwingern gehalten und gut gepflegt. Andere lebten als „räudige Köter" in den Pferdeställen, mußten Ratten und Mäuse bekämpfen und die Katzen abwürgen, die sich auf dem Futterboden herumtrieben. Gezüchtet wurde nicht nach Schönheit, sondern nach Arbeitstauglichkeit. Vermutlich kreuzte man Foxhounds, Beagles und Bullterrier ein.

Der drahthaarige Foxterrier wurde speziell für Jäger geschaffen, die einen sehr wetterfesten Hund mit dichtem Fell wünschten, das ihn gegen Gestrüpp und Bisse der Beutetiere schützen sollte.

In Deutschland wurde der erste Foxterrier-Club 1889 gegründet, weitere Clubs folgten bald. Sie sind seit 1909 im Deutschen Foxterrier-Verband e.V. (DFV) zusammengeschlossen.

Als der „Foxl" in den 20er Jahren unseres Jahrhunderts in Mode kam, bevorzugte man den drahthaarigen, bärtigen Naturburschen vor der glatthaarigen Variante. Die Glatthaar-Foxterrier blieben fast ausschließlich Jagdhelfer. In den 30er und 40er Jahren galt der Foxterrier dann als beliebter, sehr gelehriger Varieté-, Zirkus- und Filmstar, der alle möglichen und unmöglichen Dressurakte schnell lernte und freudig ausführte. Selbst als meisterhaft gezeichnete Comicfigur („Struppi", im belgischen Original „Milou") erfreut er sich bereits seit damals weltweit uneingeschränkter Beliebtheit.

Mit der Zeit wurde aus dem vierbeinigen Waidkameraden mehr und mehr ein munterer, anhänglicher Familienhund, der sich besonders auf dem Land wohl fühlt. Auf Bauernhöfen wird er nach wie vor als Mäusevertilger geschätzt. Neben der Schönheitszucht gibt es auch heute noch die jagdliche Leistungszucht. Der Foxterrier ist ein Naturbursche geblieben, der seine Raubzeugschärfe und Buddelfreude auch als Haushund bewahrt hat und alles jagt, was sich bewegt.

Der Foxterrier trug zur Entstehung der Rassen Deutscher Jagdterrier, Kromfohrländer und Japan Terrier bei, und er gehört zu den am weitesten verbreiteten englischen Rassehunden.

Ein echter Naturbursche

Aussehen: keß und elegant in vielen Varianten

Größe und Gewicht

▰ Der Rassestandard schreibt für den Rüden eine Widerristhöhe von höchstens 39 cm vor, die Hündin sollte etwa 2 cm kleiner sein. Im Idealfall ist der Körperbau quadratisch, so daß die Schulterhöhe (Stockmaß) der Rumpflänge entspricht.

▰ Das Gewicht des *Drahthaar*-Rüden soll – je nach Größe – ca. 8 kg (optimal: 8,25 kg) betragen, das der Hündin etwas weniger. Der *Glatthaar*-Rüde wiegt laut Standard 7,2 bis 8,1 kg, die Hündin 6,8 bis 7,7 kg.

Wichtiger sind das richtige Verhältnis der Körperteile zueinander und die Größe: Der Foxterrier soll in einen Fuchsbau passen. Übergroße Hunde, etwa von 42 cm Widerristhöhe und 10 kg Gewicht, dürften dabei Schwierigkeiten haben, kommen aber in den Zuchten durchaus vor.

Die Farben: Weiß/Schwarz/Loh

Der Foxterrier trägt die typischen Farben der englischen Jagdhunde: Weiß, Schwarz und Loh (englisch „tan", Fuchsrot). Weiß soll vorherrschen, meist mit schwarzen und/oder lohfar-

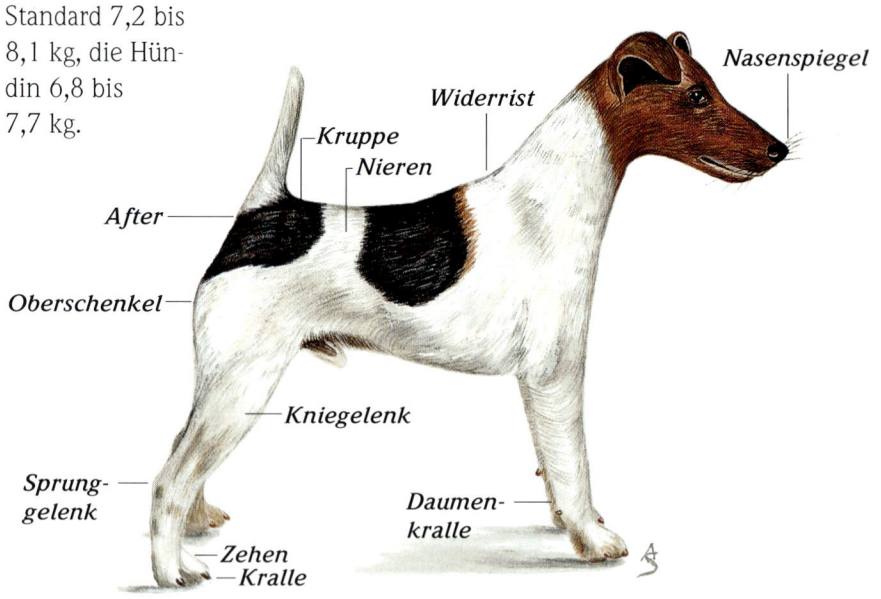

Nasenspiegel

Widerrist

Kruppe

Nieren

After

Oberschenkel

Kniegelenk

Sprung-
gelenk

Daumen-
kralle

Zehen
Kralle

▰ Glatthaarfoxterrier

benen Abzeichen oder Platten (kleinere und größere Flecken im Fell). Unzulässig sind leberfarbene, rote und gestromte, beim Drahthaar-Foxterrier außerdem schieferblaue Abzeichen. Es gibt auch reinweiße Foxterrier.

Das Haar: glatt oder drahtig

▬ *Glatthaar:* kurz, gerade, flach und schlicht anliegend, glatt, hart, dicht, reichlich, mit Unterwolle.

▬ *Drahthaar:* mäßig kurz, kraus, hart, dicht, geschlossen, eventuell gekräuselt oder leicht gewellt, aber nie gelockt, nicht bis auf die Haut teilbar, bei bester Struktur fest wie eine Kokosmatte, mit weicher, feiner Unterwolle. Läufe dicht und kraus behaart, lange Bartbehaarung als Ausdruck von Stärke.

Ein Vorurteil besagt, mit zunehmendem Alter werde das Haar lockig und die Farben verblaßten – dies sei ein nicht auszumerzender Rassemangel.

Das stimmt nicht! Wird der Foxterrier fachgerecht getrimmt und nicht geschoren, bleiben die leuchtenden Farben und die feste Haarstruktur erhalten.

Etwas Besonderes: der Toy Fox Terrier

International nicht anerkannt, gibt es in Amerika eine glatthaarige Miniaturzüchtung, den Toy Fox Terrier oder „Amer Toy" (25 cm Widerristhöhe, nur 1,6 bis 3,2 kg schwer). Als Mäusefänger auf Farmen sowie als Haushund erfreut er sich großer Beliebtheit und wird auch als Helfer für Behinderte ausgebildet, um kleine Dienste im Haushalt zu leisten.

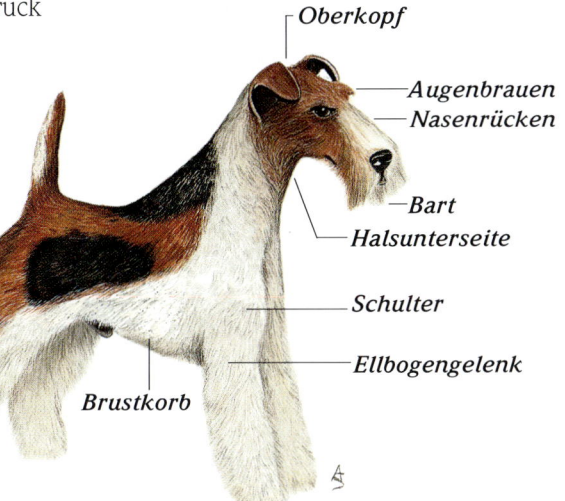

Oberkopf
Augenbrauen
Nasenrücken
Bart
Halsunterseite
Schulter
Ellbogengelenk
Brustkorb

▬ *Drahthaarfoxterrier*

Wesen und Veranlagung des Foxterriers

Zwei Seelen in stolzer Brust: ein harter Draufgänger, …

Woran denkt man bei einem Foxterrier zuerst? Etwa: kleiner Kläffer? geht keinem Streit aus dem Weg? mutig und scharf, besonders gegen Postboten? zwickt Besucher ins Bein? zerrt kräftig an der Leine? ist schwer erziehbar?

Diesen schlechten Ruf eines „bissigen Köters" hat der Foxterrier vor allem, weil er früher als Ratten- und Mäusefänger diente. Sehr zum Schaden der Rasse kam der „Foxl" nach dem I. Weltkrieg als Damenbegleithund in Mode. Aus dem Rattenbeißer und raubzeugscharfen Jagdhelfer sollte plötzlich ein braver Vorzeigehund werden; doch mit der Erziehung eines derart robusten, draufgängerischen, jagdfreudigen Kerlchens waren die Damen der Gesellschaft wohl schlicht überfordert. So setzten die willensstarken Foxterrier gegenüber ihren nachsichtigen Frauchen mehr und mehr ihren Dickkopf durch, gehorchten nicht, streunten. Außerdem

wurde aufgrund der starken Nachfrage eine Massenzucht betrieben, aus der viele übernervöse Hunde hervorgingen. So wurde der Foxterrier bald von einer anderen Moderasse abgelöst. Zum Glück besannen sich die Züchter auf die ursprünglichen Anlagen. Übernervöse Tiere stellen heute eher die Ausnahme dar.

In der Tat ist der Foxterrier recht bellfreudig. Bei der Jagd wird von ihm unter anderem verlangt, per Sichtlaut die Beute anzuzeigen, also quasi ständig „Fuchs! Fuchs!" zu rufen, wenn er ihn vor Augen hat. Diese Veranlagung legt er als Familienhund beim Spaziergang nicht einfach ab.

Wachsam, aber freundlich

In der Wohnung verhält sich der Foxterrier dagegen ruhig, es sei denn, Sie richten ihm einen Ausguck am Fenster ein, so daß er aufmerksam das Geschehen auf der Straße beobachten und – zu seiner Freude und Abwechslung – Passanten und Artgenossen verbellen kann. Auch im Garten meldet er mit aller Schärfe jeden vorbeigehenden „Feind". Mit seinem kräf-

tigen Gebiß zeigt er als ausgezeichne-
ter Wächter, daß Eindringlinge in seinem Revier nicht willkommen sind.
Natürlich gehört zu ihnen für ihn
auch der Briefträger. Wirklich bissig
ist der Foxterrier aber nicht. Er verfügt nicht über einen angeborenen
Schutztrieb und ist Menschen im all-
gemeinen zugetan. Freunde des
Hauses, die der Foxterrier gut kennt
und als freundlich einstuft, haben
nichts zu befürchten. Sie werden mit
munterem Schwanzwedeln begrüßt –
in Erwartung von Streicheleinheiten,
Leckerbissen oder einer Toberunde.
Lehnt der Besucher den Hund allerdings ab, ist er womöglich gar ängstlich, so wird der Foxterrier ihn ent-

weder nicht beachten, ihn verbellen
(„Mit dem stimmt was nicht!") oder
ihn gar mit den Zähnen zurechtweisen. Wenn Sie Wert auf die Freund-
schaft eines solchen Menschen legen,
müssen Sie Ihren Hund mit strengen
Kommandos zurechtweisen oder vorsichtshalber wegsperren. Eine
Zwangszusammenführung mit heuch-
lerischen Annäherungsversuchen sei-
tens des Gastes würde der Foxterrier
sofort durchschauen. Überlegen Sie,
ob dieser Besucher wirklich ein
Freund für Sie ist. Vielleicht weiß Ihr
Foxterrier es besser: Er spürt Ihre
geheime Ablehnung!
Wenn Sie ganz sichergehen wollen,
daß Ihr Foxterrier menschenfreund-
lich aufwächst, lassen Sie schon
den Welpen von jedem Menschen
streicheln, der es möchte. Sie dürfen
in diesem Fall jedoch keine hundert-
prozentige Wächterfunktion mehr
von ihm verlangen, denn nun stuft er
alle Menschen als seine Freunde ein.

Mit scharfen Sinnen

Die Sinne des Foxterriers sind stets
hellwach, auch wenn er dösend in
seinem Körbchen liegt. Diesem Hund
entgeht nichts – wiederum ein Erbe
seiner jagenden Ahnen. Er hat eine
gute Nase, ständig alle Geräusche
ortende Ohren und ein sehr gutes

*Die enge Beziehung zum
Menschen ist wichtig von Anfang an*

Sehvermögen. Was Sie im Straßenverkehr längst noch nicht bemerkt haben, zeigt er durch aufmerksame Haltung und wachen Blick an, und er wird Sie sicher einmal vor brenzligen Situationen warnen.
Seine Aufmerksamkeit, seine sehr gute Auffassungsgabe und seine Schläue befähigen den Foxterrier, eine Vielzahl von Kommandos in kürzester Zeit zu lernen und im Alltag mühelos ganze Sätze zu verstehen. Die „Arbeit" – beim Familienhund die täglichen Gehorsamsübungen – macht ihm besonders Spaß, wenn er kleine Belohnungshappen und viel Lob erhält.

... aber auch ein feinfühliger Freund

Wer diese Rasse gut kennt, dem fallen außer den zu Beginn genannten Stichworten noch ganz andere Eigenschaften ein: fröhlich, freundlich, charmant, verschmust, aufmerksam und arbeitsfreudig.

Liebenswert und temperamentvoll

Foxterrier sind hart im Nehmen, immer guter Laune und zum Spielen bereit. Mit diesem gewitzten Kobold kommt nie Langeweile auf. Foxterrier sind also auch ideale Spielkameraden für Kinder. Allerdings darf kein Kind den Hund quälen, das nimmt er übel – und er kann mit seinem kräftigen Gebiß auch einmal zuschnappen.
Der Foxterrier ist kein bequem zu haltender Hund, sondern ein echtes Familienmitglied voller Lebensfreude und Kraft, das sein Recht fordert. Ist alles zu seiner Zufriedenheit geregelt, wird er zwischen den Spiel- und Ausgehzeiten auch nicht auf dumme Gedanken kommen (und womöglich Möbel zerstören), sondern friedlich schlafen oder sich ruhig in der Nähe seines Lieblingsmenschen aufhalten. Dann freut er sich immer wieder über

liebevolles Streicheln und freundliche Ansprache. Vielleicht wird er wie eine Katze um Ihre Beine streichen und um eine Ganzkörpermassage (intensives Kraulen von Kopf bis Pfote) bitten. Zuwendung erbittet er ebenfalls durch wohldosiertes Kratzen auf Ihrem Schuh, indem er ein Spielzeug anschleppt oder mit vielsagendem Blick aus seinen dunklen Knopfaugen den Kopf auf die Sitzfläche Ihres Sessels legt. Obwohl er ganz und gar kein Schoßhund oder Schmusetier ist, genießt er doch die Kuschelstunde im Fernsehsessel und das dazugehörige Kraulen. Wenn man ihn läßt, schläft der anhängliche Foxterrier auch gern dicht an seinen Menschen geschmiegt in dessen Bett. Wer könnte diesen liebenswerten Hund in solchen Momenten einen „bissigen Köter" schimpfen? Machen Sie jedoch nicht den Fehler, Ihren Foxterrier zu verzärteln! Hat er erst einmal herausgefunden, wie sehr man sich zum Beispiel während einer Pfotenverletzung um ihn kümmert, nutzt dieses aufgeweckte Kerlchen Ihre Gutmütigkeit beim nächsten Mal unverfroren aus und „leidet" dann immer öfter.

■■■■ *Selbstbewußter Glatthaar-Foxterrier-Welpe*

Eigenwillig, aber sensibel

Bis ins hohe Alter wird der lebenslustige Foxterrier auf seinen Vorteil be-

dacht sein und seine Wünsche mit Taktik und Einfallsreichtum durchsetzen wollen. Verleiden Sie ihm unerwünschte Handlungen nur mit fester Konsequenz. Auf rohe Gewalt reagiert der durchaus sensible Foxterrier zu Recht mit Bissigkeit, psychische Überlegenheit dagegen erkennt er in der Regel an.

Der Foxterrier macht also nur auf den ersten Blick einen rauhbeinigen Eindruck. Er ist – man kann es nicht oft genug betonen – ein durchaus sensibler Hund, der zum Beispiel sogar eine Zeitlang neben dem Mülleimer um seinen geliebten alten Kauknochen trauern kann. Ihr Foxterrier wird sich auch nicht immer so unbändig aufführen wie im ersten Lebensjahr. Mit 2 bis 3 Jahren reagiert er bereits abgeklärt, und wie beeindruckend, ja geradezu goldig ist es, wenn eine sechsjährige Foxterrier-Oma beim Züchter gelassen und „weise" die Aufsicht über ihre Nachkommen übernimmt! Andererseits kann selbst ein zwölfjähriger Foxterrier noch ein munterer Springinsfeld sein.

Mit einem Foxterrier haben Sie „viel Hund" im Kleinformat. Er ist kein sklavisch gehorchender Befehlsempfänger, sondern eine eigenwillige, charaktervolle Persönlichkeit. Gerade dieser gewisse Stolz und die manchmal adlig wirkende Selbstsicherheit machen die Liebenswürdigkeit des Foxterriers aus – wobei er trotzdem immer ein Naturbursche bleibt.

Als Jagdhund zeigt uns der Foxterrier denn auch, was wirklich in ihm steckt: Er läßt sich gut ausbilden, ist lernwillig, zuverlässig und sollte führig veranlagt sein, das heißt, sich willig in den Dienst des Hundeführers stellen und auf Befehle (Ruf, Pfiff) und Winke entsprechend reagieren. Allerdings ist übermäßige Führigkeit mit wenig Eigeninitiative ebenso unerwünscht wie allzu große Eigenwilligkeit, etwa das Jagen zum eigenen Vergnügen, nach dem der Hund erst nach Stunden zurückkehrt oder im Tierheim abgeholt werden muß.

Hier ist zwischen Veranlagung (Führigkeit) und Ausbildung/Abrichtung (Gehorsam) zu unterscheiden. Der Foxterrier hat, wie jede Rasse, seine Eigenheiten, die man als Besitzer kennen und verstehen sollte.

Der verflixte, herrliche Jagdtrieb

Als Jagdhund verfügt der Foxterrier über die angeborene Fähigkeit, jede Bewegung in Sekundenschnelle wahrzunehmen und blitzschnell zu

reagieren. Sein Jagdtrieb zwingt ihn, die „Beute" – was immer es sei – zu verfolgen. Schon der Welpe jagt beim Spaziergang jeder Vogelfeder und jedem Blatt im Wind nach, was die Erziehung zur Leinenführigkeit zu einer Geduldsprobe werden läßt. Bei Spaziergängen in der Natur werden Sie den Jagdtrieb vielleicht oft verwünschen, wenn Ihr Foxterrier wieder einmal nicht gehorcht.

Tabus für den Familienhund

▬ Vom ersten Tag im neuen Zuhause an muß der Foxterrierwelpe lernen, einige Tabus zu respektieren: Freifliegende Heimvögel, mit ihm lebende Kleintiere wie Meerschweinchen, Kaninchen usw., Katzen und Vögel im Garten sowie Tauben auf dem Gehsteig hat er in Ruhe zu lassen (siehe auch das Kapitel „Im Heimtierrudel" Seite 64 f.).

Wichtig: Sorgen Sie dafür, daß durch Ihren Foxterrier kein Lebewesen zu Schaden kommt. Ihr Nachbar liebt seine Katze genauso wie Sie Ihren Hund!

▬ Im Straßenverkehr darf ein Hund mit angeborenem Jagdtrieb, der nicht 100prozentig sicher gehorcht (und welcher Hund tut das schon!),

niemals ohne Leine geführt werden. Wenn sich auf der anderen Straßenseite etwas bewegt – eine Katze oder auch nur eine Getränkedose –, wird sich der brave Haushund augenblicklich in einen Hetzjäger verwandeln, taub und blind für jedes Kommando, und ganz bestimmt nicht auf den Verkehr achten.

▬ Bei Spaziergängen im Feld ist ohne strenge Ausbildung kein Hase und kein Rebhuhn vor ihm sicher, vor allem dann nicht, wenn der Foxterrier mit einem befreundeten Hund gemeinsam auf die Pirsch geht. Benutzen Sie eine lange Feldleine, mit der Sie ihn notfalls kräftig zurückreißen können, damit er das Kleinwild nicht tötet. Auch Feldhamster sind begehrte Jagdbeute, sehr zur

---

Unser Tip

Nehmen Sie bei jedem Spaziergang einen Lieblingsleckerbissen mit, den der Hund sonst nur selten bekommt. Nennen Sie diesen Leckerbissen beim Namen, und setzen Sie ihn als Notbremse ein. Üben Sie das unbedingt vor dem „Ernstfall" einige Male an verschiedenen Plätzen auf den Spazierwegen.

Freude der Landwirte. Bei so einer Minijagd kann ein Foxterrier durchaus jährlich 100 der kleinen Nager erlegen. Vorsicht: Hamster verbeißen sich oft heftig in Nase und Lefzen. Sie warten dreist bis zum letzten Moment, ehe sie in der Erde verschwinden, und werden dann eifrig vom Foxterrier ausgebuddelt. Der Feldhamster ist jedoch von der modernen Landwirtschaft stark bedroht. Verschonen Sie ihn bitte!

▬ Im Wald gehört ein nicht ausgebildeter Foxterrier unter allen Umständen an die Leine. Er würde seine Jagdleidenschaft sonst nicht zügeln können, womöglich einem Jäger vor die Flinte laufen oder es mit einem rasenden Wildschwein aufnehmen wollen.

Gefährliche „Jagdspiele"
Der Foxterrier jagt auch alle Lebewesen im Garten: Wespen, Kröten, Igel, Maulwürfe, Mäuse und Ratten – eine

Leidenschaft, die ihm zum Verhängnis werden kann, wenn er an eine vergiftete Ratte gerät.

Wichtig: Gehen Sie bei Vergiftungserscheinungen sofort zum Tierarzt. Erbrechen, Leibschmerzen, Durchfall, Durst, Appetitlosigkeit, Mattigkeit, büschelweiser Haarausfall, Rötungen um die Körperöffnungen, taumelnder Gang, Lähmungen, Blutungen, Blut im Kot oder Urin sowie Kreislaufversagen sind Alarmsignale.

Schnappt der Foxterrier nach Bienen und Wespen (Erstickungsgefahr!), schreien Sie ihn notfalls scharf an. Verleiden Sie einem dickköpfigen, „harten" Hund solche gefährlichen Aktionen mit raffinierten Erziehungsmethoden: mit Rasseldose, Wurfkette (aus dem Zoogeschäft) oder Wasserstrahl aus heiterem Himmel, und zwar ohne daß er merkt, wer diese Strafe schickt! Er soll als Verknüpfung herstellen: „Biene – macht mich naß/ erschreckt mich!" Verwenden Sie aber bei einem „weichen", also leicht zu beeindruckenden Hund weder Rasseldose noch Wasserstrahl zur Abschreckung. Schlimmstenfalls wird Ihr Foxterrier davon schuß- bzw. wasserscheu, was bei einem jagdlich geführten Hund fatale Folgen hätte.

Dagegen warten innerhalb des Hauses ungefährliche „jagdliche Aufgaben" auf den Foxterrier: keine Spinne am Boden, keine Fliege an der Wand, kein „zufällig" zu Boden gefallener Trockenfutterbrocken entgeht ihm!

Der „Gartenbaumeister" und die Folgen

Stöbert der Foxterrier im Garten einen Igel auf, ist auch das „Pfui!"; denn Igel sind meist voller Flöhe und Zecken. Nach Beute, die sich unter der Erde befindet (Mäuse, Maulwürfe usw.), buddelt der Foxterrier mit Leidenschaft. Dieses Vergnügen sollten Sie ihm gönnen – mit Einschränkungen: Er muß nicht ausgerechnet Ihr prächtigstes Blumenbeet umgestalten!

Die Leidenschaft aller Terrier: *buddeln*

Mag sein, daß der kleine Jäger Ihnen mit verdreckten Pfoten und schwarzem Fang, aber mit höchst zufriedenem Blick seine totgeschüttelte Beute ins Haus trägt und ein Lob erwartet, wenn er sie vor Ihre Füße legt. Um so etwas von vornherein zu unterbinden, lehren Sie ihn von Anfang an, draußen vor der Tür stehenzubleiben, zu bellen und zu warten, bis Sie ihm das Betreten des Hauses erlauben. Stellen Sie dem Welpen ein lärmendes „Staubsaugerungetüm" in den Weg, bis er das „Bleib!" begriffen hat. Dies gibt Ihnen Gelegenheit, den Hund zu säubern, und erspart der Hausfrau viel Arbeit.

„Berufsersatz"

Wenn der Foxterrier bei all diesen Tabus, die er durchaus lernen kann, nicht verkümmern soll, muß der Jagdtrieb in andere Bahnen gelenkt werden. Viele, viele Jagdspiele (siehe die Übersicht „Rassegerechte Spiele" Seite 71 f.) und Beschäftigung mit dem Hund, wann immer es die Zeit erlaubt, sind dazu am besten geeignet. In Ihrer Ortsgruppe des Deutschen Foxterrier-Verbandes können Sie sich als Vereinsmitglied der Arbeitsgemeinschaft zum Üben anschließen. Dort erlernt Ihr Hund zum Beispiel das Apportieren, die Fährtensuche, die Standruhe (Ignorieren von Wild) und sogar die Arbeit am Schliefenfuchs im Kunstbau. Besitzen Sie keinen Jagdschein, darf Ihr Foxterrier die Prüfung des Jagdgebrauchshundeverbandes nicht ablegen.

Der schneidige Jagdhelfer

Bei Foxterriern, die aus Arbeitslinien und nicht aus reinen Schönheitszuchten stammen, werden die jagdlichen Anlagen besonders gefördert. Die Zuchttiere müssen jagdlich geführt werden und haben Jagdprüfungen abgelegt. So werden besonders mutige, schmerzunempfindliche Nachkommen mit großer Jagdleidenschaft geboren, die zu tüchtigen Jagdhelfern ausgebildet werden können.

Vielseitiger Jagdgebrauchshund
Der Foxterrier gilt als guter, zuverlässiger Jagdgebrauchshund. Er wird als *Stöber-, Schweiß-, Vorsteh-* und *Bauhund* auf Fuchs, Dachs, Schwarz- und Niederwild eingesetzt sowie als flinker Raubzeugjäger, zum Beispiel auf Wiesel, Marder und Iltis. Den Fuchs soll er möglichst unverletzt aus dem Bau sprengen und nicht unter der Erde abwürgen. Er arbeitet spur- und sichtlaut, als Verlorenbringer, Bringselverweiser und Totverbeller. Selbstverständlich muß er lernen,

Unser Tip

Wenn Sie auf das Apportieren Wert legen, jagen Sie Ihren Foxterrier nie spielerisch, wenn er eine Beute im Fang hält.

Rebhuhn, Fasan und Hasen nicht anzuschneiden, das heißt, die Beute nicht selbst zu fressen und sie natürlich auch nicht zu vergraben ("Totengräber") oder zu verschleppen.

Wichtig: Um das Verschleppen und Vergraben nicht zu fördern, sollten Sie mit einem jagdlich geführten Foxterrier nie Buddelspiele spielen!

"Schön und scharf" lautet das Motto der jagdlichen Leistungszucht.

21

Der Foxterrier wird bei der *Nach-suche* auf Schalenwild eingesetzt, muß einer Wundfährte folgen und ruhig und sicher am Schweißriemen arbeiten („Schweiß" = Blut). Er kann lernen, Hasen und Enten zu apportieren, weigert sich aber zuweilen hartnäckig, dies zu tun. Geben Sie ihn dann in die Hände eines erfahrenen Jagdhundausbilders, der – mit möglichst wenig Härte – vorgeht.

Nach dem Verbot der Otterjagd beschränkt sich die *Wasserarbeit* heute auf Wildenten. Fast alle Foxterrier lieben das Wasser.

In gespannter Erwartung

Jagdausbildung: unbedingt ohne Härte!

Mit der Jagdausbildung sollte bereits beim Welpen begonnen werden, spielerisch und mit Fingerspitzengefühl,

täglich etwa $^1/_2$ Stunde – je nachdem, wie der Kleine es verkraftet. Auf dem Programm stehen zunächst Gehorsamsübungen, das Verfolgen einer Beute an der Reizangel (Stock mit einem Band, an dem eine Beute befestigt ist) mit Förderung des Sichtlauts sowie die Fährtensuche. Halb erwachsene Foxterrier lernen das Abliegen neben dem Rucksack des Jägers. Die Ausbildung umfaßt weiter Stöbern, Buschieren, Apportieren und das Bei-Fuß-Bleiben, wenn der Hund flüchtendes Wild entdeckt (Standruhe).

Wichtig: Muten Sie Ihrem durchaus feinfühligen Foxterrier keine brutale Parforceausbildung durch einen rüden Lehrmeister zu!

Bei der Arbeit am Schweißriemen

Jetzt kommt das wohlverdiente Lob

Lassen Sie Zwangsmethoden (schmerzhafter Ohrdruck zum Öffnen des Fangs, Umdrehen des Ohres, Zwangsapport, Strafschuß mit Pfefferladung, „Koralle" (Stachelhalsband), Elektroschocks usw.) nicht zu – auch nicht, weil „man das immer so gemacht hat"! Die moderne Jagdausbildung geht davon aus, daß Ihr Jagdlehrling weitaus sicherer gehorchen wird, wenn Sie – wie beim Familienhund – auf Verständigung, Einfühlungsvermögen und Geduld setzen statt auf Härte, Drill und Strafe. Foxterrier können sehr trotzig und stur werden, und Druck erzeugt immer Gegendruck.

Unser Tip

Greifen Sie bei anfänglichen Fehlversuchen nicht vorschnell zu Zwangsmaßnahmen, sondern sorgen Sie durch Unterordnungsübungen für besseren Gehorsam. Manchmal hilft schon das Ändern des Kommandowortes.

Führig, aber selbständig

Der Hund darf im Jagdgeschehen nichts eigenmächtig unternehmen, soll aber auf Geheiß mit Verstand arbeiten. Im Bau kann es zu Kämpfen auf Leben und Tod kommen. Ein gut ausgebildeter Foxterrier kann abschätzen, daß er sich mit seinem Geg-

Steckbrief Foxterrier

Größe:	ca. 37–39 cm
Gewicht:	ca. 8 kg, Hündinnen darunter
Farben:	Weiß mit schwarzen und/oder lohfarbenen Abzeichen, auch Reinweiß
Haar:	Drahthaar oder Glatthaar, mit Unterwolle, wetterfest
Ursprung:	englischer Jagdhund
heutiger Einsatz:	Familien- und Showhund, Mäusejäger auf Bauernhöfen, Jagdhund
Eignung:	für fröhliche, sportliche Menschen mit viel Zeit und Durchsetzungsvermögen, ausdauernder Kinderhund, guter Reisebegleiter, nicht für allzu sanfte oder nervöse Menschen, nicht für ganztags Berufstätige vorzugsweise nicht in der Stadt, braucht die Natur *Hundeanfänger/Senioren:* kein dominanter Welpe
Platzbedarf:	mittelgroße Wohnung, möglichst Garten (sicher eingezäunt!), nie Zwinger!
Bewegung:	2–3 Stunden täglich (ohne Gartenauslauf mehr), ausgedehnte Spaziergänge, muß sich täglich austoben
Beschäftigung/ Sport:	Jagd-, Such-, Buddel-, Zerr-, Apportier- und Wasserspiele, Agility, Breitensport, evtl. Flyball, kein Schutzdienst! Wandern, Schwimmen, Rad- und Reitbegleitung
Ausbildung:	Jagd, unblutige Jagdübungen im Verein, ausdauernder Fährtenhund, Begleithund
Verträglichkeit:	mißtrauisch gegen Fremde, aber nicht bissig, angeleint oft aggressiv gegen andere Hunde, feindlich bei schlechten Erfahrungen, Katzen und kleine Haustiere können eine Beute darstellen
Gesundheit:	robust, vital, witterungsunempfindlich, Disposition zu Harnsteinen und Glaukom. *Zuchtfehler:* aufrechte Ohren (bei Welpen nicht erkennbar), Ringelrute, Nervosität
Lebenserwartung:	12–14 Jahre, 16–20 Jahre möglich

Steckbrief Foxterrier

Pflege:	*Glatthaar:* täglich bürsten, Haar etwas schneiden *Drahthaar:* täglich bürsten, im Frühjahr und Herbst trimmen (zupfen), nie scheren!
Wesen und Veranlagung:	immer fröhlich, verspielt, aktiv, wendig, energiegeladen, kann aber sehr geduldig warten, freundlich, gesellig, anhänglich, verschmust, fordert ständig Beachtung, nutzt Schwächen aus, stolz, sehr selbstbewußt und eigenwillig, arbeitseifrig, guter Wächter, aber kein Schutztrieb, ausgeprägter Jagdtrieb, raubzeugscharf, Galoppier- und Stehvermögen, sehr gutes Sehvermögen, ausgezeichnete Nase (auch bei Hitze), schußfest, Bau-, Schweiß-, Wasserarbeit, Stöbern, Vorstehen, auch Sichtjäger, ohne Ausbildung Streuner, elegante Erscheinung
Erziehung:	sehr konsequent und fest, aber liebevoll und einfühlsam, von Menschen ohne Willensstärke und Durchsetzungsvermögen schwer zu erziehen, sehr intelligent, aufmerksam, lerneifrig, leicht zu motivieren, bei Drill und harten Strafen trotzig

ner nicht Fang in Fang verbeißen darf und daß ein kräftiger Dachs ihn eingraben kann, so daß er ersticken würde. Er soll bei der Arbeit an Fuchs und Dachs im Bau nicht buddeln (ebenfalls Erstickungsgefahr), sondern sich rechtzeitig zurückziehen. Ein unerfahrener Junghund sollte nicht gleich gegen einen schweren Dachs bestehen müssen. Zum Glück ersticken kaum noch Bauhunde in unterirdischen Engstellen.

Dank moderner Technik (Bauhundfinder) ist die Rettung des Hundes relativ schnell möglich. Bleibt ein jagdunerfahrener Foxterrier in einem Fuchs- oder Dachsbau stecken, alarmieren Sie Forstamt oder Feuerwehr!

Wichtig: Manch ein Jäger geht recht grob mit seinem Jagdhund um. Lassen Sie den freudig arbeitenden Foxterrier als Jagdgebrauchshund nicht zum Jagd-*Ver*brauchshund werden!

Das neue Familienmitglied: ein „Foxl"

Welche Ansprüche stellt er?

Die wenigsten Foxterrierbesitzer können diesem Naturburschen eine Jagdausbildung angedeihen lassen. Sie sollten aber einige Voraussetzungen erfüllen, damit das Leben mit ihm für beide, Mensch und Hund, zur Freude und nicht zur Qual wird.

Ein „Foxl" braucht viel Zuwendung

Der Foxterrier ist ein fordernder Hund, der Abwechslung liebt und

sich nicht damit zufriedengibt, den ganzen Tag unter der Eßzimmer-Sitzecke verdösen zu müssen. Er beansprucht viel Zeit für Spaziergänge, Spiele, Ansprache und liebevolle Zuwendung. Der Foxterrier hängt sehr an seinem Menschen-"Rudel", deshalb darf man ihn nicht stundenlang allein lassen oder ihn gar in einen Zwinger sperren. Unter einer solchen Einzelhaft hinter Gittern leidet dieser Hund sehr: Er wird neurotisch, vielleicht sogar bissig.

Wichtig: Wenn Sie sich mehr als 4 Stunden pro Tag nicht um Ihren Hund kümmern können, dürfen Sie sich keinen Foxterrier anschaffen!

Für den Fall, daß Sie einmal krank werden, suchen Sie bitte rechtzeitig eine Pflegeperson für den Hund, statt ihn in einen Zwinger abzuschieben, wo er unbeaufsichtigt seine „Geschäfte" erledigen kann. Statt dessen empfiehlt sich eher eine Hundeklappe in der Hintertür, wie sie auf dem Bild links zu sehen ist, die zum eingezäunten Garten führt.

Legen Sie den Foxterrier niemals an eine Kette! Er würde sich aus Protest und aus Freiheitsdrang die Kehle zuschnüren, dadurch ein Bild des Jammers bieten und zudem mit Sicherheit bissig werden. Der Foxterrier braucht unbedingt den Kontakt zu seiner Familie!

Der Foxterrier – ein freiheitsliebender Naturbursche

Am wohlsten fühlt sich ein Foxterrier auf dem Land. In der Stadt kann es wegen der vielen anderen Hunde leicht zu Raufereien kommen. Er wünscht sich einen möglichst großen Garten, in dem er mit seinen zwei- oder vierbeinigen Spielpartnern herumtollen, seine Energie loswerden und die Sonne genießen darf – und er träumt von Besitzern, die über einige Buddellöcher und geknickte Blumen im Garten lächeln können, statt um ihren Mustergarten zu bangen.

Wichtig: Da der Foxterrier erstaunlich hoch springen kann, muß der Garten über 1 m hoch eingezäunt sein, mit einem buddel- und ausbruchssicheren Abschluß am Boden. Sonst macht sich dieser freiheitsliebende Hund eigenmächtig auf die Pfoten, wird leicht zum Streuner und kommt unter die Räder.

Große Gefahr droht durch übereifrige Jäger, die in Deutschland täglich (!) ca. 1000 Hunde und Katzen erschießen, egal ob sie gewildert haben oder nicht. Auch das Streunen im Revier mit Beunruhigung des Wildes sieht kein Jäger gern und greift deswegen ebenfalls oft vorschnell zur Flinte.

Gesucht: dynamische Zweibeiner

Fröhliche Besitzer mit viel Zeit für lange, flotte Spaziergänge sind dem Foxterrier am liebsten, denn er strahlt selbst gute Laune und Lebensfreude aus. Unter einem cholerischen Halter leidet dieser Hund sehr und reagiert mit Protesthandlungen (Ungehorsam, Bissigkeit usw.). Bei einem Melancholiker würde er seelisch verkümmern. Ebenso ungeeignet ist diese Rasse für sehr sensible, nicht durchsetzungskräftige, ängstliche, nervöse, allzu sanfte, bequeme und bewegungsfaule, aber auch gehbehinderte Menschen. Wirklich wohl fühlt sich der Foxterrier bei Menschen mit fester Willenskraft, die sich nicht so leicht aus der Ruhe bringen lassen, denen er sich dank konsequenter Erziehung willig unterordnet und die viel mit ihm unternehmen, etwa abwechslungsreiche Wanderungen. Er will immer dabeisein. Vor allem im Urlaub

darf der anhängliche Foxterrier nicht abgeschoben werden. Gerade als unkomplizierter Reisebegleiter wird er geschätzt. Autofahrten sind ein Vergnügen für ihn. In der Bahn kann er geduldig auf dem Schoß sitzen, aus dem Fenster sehen oder schlafen. Der Foxterrier verträgt Klimaumstellungen sehr gut, so daß er selbst als Begleiter eines Fernfahrers geeignet ist und ganz Europa kennenlernen kann. Der Foxterrier schätzt die Abwechslung sehr und freut sich über alles Neue, das er entdecken darf. Nicht zuletzt sollte sein Herrchen die Natur genauso lieben. Spaziergänge in „freier Wildbahn" sind ein absolutes Muß. Es befriedigt den Foxterrier keinesfalls, in zubetonierten Städten von Laterne zu Laterne zu laufen.

Wichtig: „Hundeanfänger" ohne Erfahrung in Erziehungsfragen können mit dem selbstbewußten, eigenwilligen Foxterrier leicht überfordert sein. Senioren sind oft nicht in der Lage, die nötige Konsequenz aufzubringen sowie dem Hund ausreichend Auslauf und Abwechslung zu bieten.

Als Schmusetier, das womöglich mit Schokolade gemästet wird, ist der Foxterrier völlig unterfordert und kann leicht auf dumme Gedanken kommen, indem er sich selbst eine Beschäftigung sucht, etwa Kissen „totschüttelt" und zerfetzt. Einen alten Menschen kann der Foxterrier durch kräftiges Zerren an der Leine aus dem Gleichgewicht bringen, auch wenn man dies dem kleinen Hund auf den ersten Blick nicht zutrauen möchte. Die robusten Spiele der Kinder liebt der Foxterrier sehr, doch sollte er nicht mit kleinen Kindern allein bleiben. Er könnte aus Notwehr nach einer Kinderhand schnappen, die an seinen Ohren zieht, und es wäre sehr schmerzlich für den Foxterrier, wenn er deshalb als „bissig" von seinem Familienrudel getrennt und weggegeben würde.

Woher bekomme ich einen Foxterrier?

Der Hund soll gesund und wesensfest sein, deshalb kauft man ihn nicht im Vorübergehen! Das bedeutet, daß Sie sich nicht nur genügend Zeit für die Auswahl nehmen, sondern auch genau überlegen sollten, wo Sie den Hund kaufen. Zunächst einige Hinweise, was unbedingt zu beachten ist:

■■■ Nur für Kenner: Abgabehunde aus zweiter Hand. Wenn Sie Anfänger in Sachen Hundehaltung sind, sollten Sie Ihren Hund nicht im Tierheim oder über eine Annonce suchen. Tierheim- und Abgabehunde sind stets Problemhunde, und für einen Anfänger ist schon ein psychisch stabiler, gesunder Foxterrier schwierig genug zu erziehen. Von Foxterriern aus zweiter Hand wird berichtet, daß sie im Straßenverkehr, gegenüber Artgenossen und beim Alleinsein ängstlich sind – je nachdem, was sie beim Erstbesitzer durchgemacht haben. Oft werden Foxterrier als „hart" verkannt, in Wirklichkeit haben die meisten eine sensible, verletzbare Seele. Nur wenn der Abgabehund einen körperlich gesunden und seelisch stabilen Eindruck macht, verläuft die Weitergabe problemlos.

■■■ Meist nicht rassetypisch: Hunde „ohne Papiere". Kaufen Sie nicht aus einer Liebhaberzucht, wenn Sie Wert auf einen schönen, wohlgestalteten, gesunden Hund legen. Bei „wilden" Verpaarungen stimmen oft die Proportionen nicht, das Haar hat eine fal-

■■■ *So soll es sein: Die Welpen haben eine gute Bindung an den Züchter und sind vorbildlich auf den Menschen geprägt*

sche Struktur, die Rute sitzt nicht korrekt, es treten ungehindert Gebißfehler und Erbkrankheiten auf, oder ein Elternteil ist erheblich zu alt.

▬▬ Keine gute Adresse: Hundehändler und dubiose Hundevermehrer. Kaufen Sie einen Hund auf keinen Fall vermeintlich billig auf dem Wochenmarkt, bei einem „fliegenden Händler" auf einem Autobahnrastplatz, aus dem Schaufenster einer Tierhandlung oder bei einem Massenzüchter, der mit wenig Liebe, aber großer Profitgier viele verschiedene Rassen anbietet. Es zahlt sich nicht aus! Diese Welpen werden viel zu früh von ihrer Mutter getrennt, bekommen zuwenig menschliche Zuwendung (schlechte Prägung, dadurch oft scheu oder bissig), sind selten geimpft und entwurmt, haben meist schlechte Erbanlagen und machen nicht von ungefähr einen mitleiderregenden Eindruck. Geben Sie Ihrem Mitleid nicht nach! Jeder „gerettete" Welpe macht Platz für neues Elend, und Sie würden an einem solchen Hund – egal welcher Rasse – wenig Freude haben, von den hohen Tierarztrechnungen ganz abgesehen. Meiden Sie Züchter, die die Mutterhündin – mit den tollsten Ausreden – vor Ihnen verstecken, weil diese sich in einem jämmerlichen Zustand befin-

det. Der Vaterrüde ist auch bei guten Züchtern selten anzutreffen.

Suchen Sie einen besseren Züchter, wenn die Elterntiere in offensichtlich schlechter Verfassung sind oder große Nervosität zeigen.

Kaufen Sie keinen Welpen aus einer Keller- oder Stallaufzucht ohne Sonnenlicht und menschliche Zuwendung (mangelhafte Prägung, Rachitis!).

Gehen Sie nur zu einem seriösen Züchter

Die beste Adresse, um einen typischen Foxterrier zu erhalten, ist und bleibt ein seriöser VDH-Züchter, der sich den Regeln des Verbandes unterwirft und die Mutterhündin nicht als „Gebärmaschine" ausbeutet. Daher werden Sie bei einem guten Züchter vielleicht einige Zeit auf Ihren Welpen warten müssen. Verantwortungsvolle Züchter produzieren keine Hunde auf Vorrat! Nutzen Sie diese Zeit, um Haus und Garten hundesicher herzurichten, sowie die Grundausstattung zu besorgen (siehe Seite 39 ff). Eine Liste mit Züchtern in Ihrer Nähe erhalten Sie vom Deutschen Foxterrier-Verband (Adresse Seite 93). Leider gibt es auch unter den VDH-Züchtern hin und wieder „schwarze Schafe".

Einen guten Züchter erkennen Sie daran, daß die Hunde

◆ *in der Familie großgezogen werden*

◆ *freudig zu ihrem Betreuer kommen*

◆ *keine Scheu vor Fremden zeigen*

◆ *einen munteren und gesunden Eindruck machen (keine verklebten Augen, keine Durchfallreste am After, kein von Würmern geblähter Bauch, keine rachitisch verdickten Rippenknochen)*

◆ *reichlich Auslauf, Sonne und frische Luft bekommen*

◆ *ein sauberes Lager haben*

◆ *ihr Futter in sauberen Näpfen erhalten und begierig fressen*

◆ *von einer gesunden, vorzeigbaren, fürsorglichen Mutterhündin liebevoll umsorgt und beschützt werden*

◆ *nie allein gelassen werden; auch bei unangemeldetem Besuch trifft man jemanden an, der die Welpen betreut*

Auf das Wesen kommt es an

Achten Sie auf instinktsichere Elterntiere. Sollte es später zu Raufereien kommen, muß Ihr Foxterrier sich an die Hundespielregeln halten; diese Instinktsicherheit muß angeboren sein! Als Anfänger wählen Sie auf keinen Fall den Chef des Welpenrudels (das ist der Welpe, der als erster auf Sie zukommt). Er würde sich auch später dominant verhalten und Ihnen die Erziehung enorm erschweren. Hündinnen sind meist leichtführiger als Rüden. Wenn Sie noch keine Erfahrung haben, entscheiden Sie sich am besten für eine zurückhaltende Hündin.

Der Züchter hilft Ihnen bei der Wahl und sollte seine Welpen so gut kennen, daß er zu einem Hund rät, der zu Ihnen paßt. Dies ist besonders wichtig, wenn der Hund jagdlich geführt werden soll; der Züchter sieht die Anlagen bereits beim Welpen. Noch schöner wird die Mensch-Hund-Beziehung allerdings, wenn der Welpe sich „seine" Menschen selbst aussuchen darf – mit sicherem Instinkt! Setzen Sie sich zwischen die Welpen, und warten Sie, welcher am längsten bei Ihnen bleibt. Das ist Ihr Hund!

Ein Züchter sollte Schönheit nicht vor Charakterfestigkeit stellen. Manchmal werden (nicht nur bei Foxterriern!) sogar Erbkrankheiten in Kauf genommen, wenn die Eltern gute Vererber von Schönheit sind und ein perfektes Aussehen ihrer Nachkommen erwarten lassen.

Wichtig: All die Pokale, die Ihnen ein Züchter stolz zeigt, sagen absolut nichts über den Charakter der Hunde aus, sondern beziehen sich lediglich auf die äußere Erscheinung. Auszeichnungen für abgelegte Arbeitsprüfungen (Jagd) erhalten dagegen nur wesensfeste Hunde.

Bei der jagdlichen Leistungszucht legt man daher mehr Wert auf den Charakter. Diese Hunde sind ursprünglicher: robuste Naturburschen, die gern buddeln und bellen. Sie lassen sich (mit Konsequenz!) gut ausbilden, verfügen über einen starken Jagdtrieb und können sehr scharf sein. Letzte-

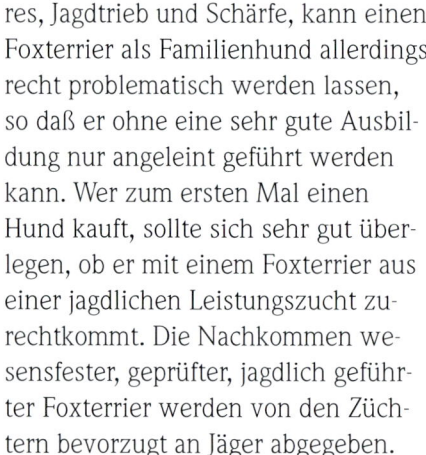

■■■■ *Mal auf Entdeckungstour!*

■■■■ *Wie das alles riecht!*

res, Jagdtrieb und Schärfe, kann einen Foxterrier als Familienhund allerdings recht problematisch werden lassen, so daß er ohne eine sehr gute Ausbildung nur angeleint geführt werden kann. Wer zum ersten Mal einen Hund kauft, sollte sich sehr gut überlegen, ob er mit einem Foxterrier aus einer jagdlichen Leistungszucht zurechtkommt. Die Nachkommen wesensfester, geprüfter, jagdlich geführter Foxterrier werden von den Züchtern bevorzugt an Jäger abgegeben.

Das Fundament muß stimmen

Selbstverständlich kann auch ein dem VDH angeschlossener Züchter nicht nur erstklassige Hunde mit guten Proportionen, guter Haarqualität und ohne Erbfehler hervorbringen. Wenn alle Hunde dem Zuchtstandard be-

stens gerecht würden, gäbe es an der Rasse nichts mehr zu verbessern. Selbst bei optimaler Abstammung kann ein Hund etwas krummbeinig dastehen, eine zu tief angesetzte Rute haben, etwas zu groß oder zu klein geraten sein, sich als wasserscheu oder apportierunwillig erweisen. Es gibt keine Garantie dafür, daß ein VDH-Hund einmal ein Ausstellungssieger wird. Bei einem anerkannten Züchter können Sie jedoch in der Regel davon ausgehen, daß das Fundament stimmt und die Zuchthündin nicht öfter als vorgeschrieben belegt wird.

Sorgfältige Aufzucht der Welpen, gute Versorgung der Mutterhündin und nicht zuletzt das Gnadenbrot für die nicht mehr zuchttauglichen Hunde (ab 8 Jahren), Fachwissen, Tierarzt-

Wo bin ich denn jetzt gelandet?

Wieder glücklich vereint!

und Ausstellungskosten, die Ausbildungsarbeit bis zur Prüfung bei jagdlich geführten Hunden usw. rechtfertigen den zunächst recht hoch erscheinenden Preis für einen Rassehund. Unbezahlbar ist, daß ein guter Züchter sich immer für die von ihm gezüchteten Hunde verantwortlich fühlt und Ihnen im Idealfall ein Hundeleben lang mit Rat und Tat zur Seite steht. Der Preis für einen Welpen ist der augenblicklichen Nachfrage unterworfen. Ein seriöser Züchter wird seine Foxterrierwelpen für ca. 700,– bis 1000,– DM (Stand: 1997) abgeben.

Kupieren: nur die Rute!

Das Kupieren der Rute geht auf die Jagdpraxis zurück, da sich ein Hund mit langer Rute beim Stöbern leichter verletzt und sich im Bau die Rute blutig schlagen kann.

In der ersten Lebenswoche wird die Rute des Foxterrierwelpen um $1/4$ bis $1/3$ gekürzt. Das ist in diesem Lebensabschnitt für den Welpen völlig schmerzlos, weil sein Gehirn noch nicht so weit ausgebildet ist (Myelinschicht), um diesen Vorgang nervlich wahrzunehmen.

Wichtig: Achten Sie darauf, daß der Züchter das Kupieren wirklich sehr früh und eigenhändig durchführt, statt es später einem Tierarzt zu überlassen. Viele Tierärzte kupieren die Foxterrierrute zu kurz.

Wenn Sie das Kupieren ablehnen, bitten Sie den Züchter um einen Hund mit kompletter Rute. Geht er darauf ein, darf er Ihnen den Hund jedoch nur ohne VDH-Papiere verkaufen, da der Standard eine unkupierte Rute leider nicht toleriert. Das schließt diesen Hund von vornherein von Ausstellungen aus.

Die **Ohren** werden nicht kupiert, sehen aber manchmal so aus, weil sie aufrecht stehen. Der Standard schreibt gut gefaltete, nach vorn fallende Ohren vor. Alle Foxterrierwelpen werden mit solchen Kippohren geboren. Bei manchen stellen sich die Ohren im ersten Lebensjahr zu *Stehohren* (wie beim Spitz), *Tulpenohren* (zugespitztes Stehohr wie beim Scottish Terrier) oder *Rosenohren* (mit nach hinten gefalteter Ohrmuschel wie beim Whippet) auf. Dies führt bei einer Ausstellung zur Disqualifikation, da heute nur noch Kippohren erwünscht sind.

Wenn man bedenkt, daß aufrechte Ohren beim amerikanischen Toy Fox Terrier vorgeschrieben sind, kann man über den Sinn oder Unsinn von Zuchtstandards – auch bei vielen anderen Rassen (Nackthunde, Faltenhunde etc.) – geteilter Meinung sein. Früher wurden einigen Rassehunden unter Qualen die Ohren kupiert, also zu Stehohren zurechtgeschnitten, um diesen Hunden ein schneidigeres Aussehen zu verleihen. Wenn ein

Foxterrier von sich aus diese schneidigen Ohren entwickelt, die ausgesprochen gut zu seinem kernigen Temperament passen und keinerlei Behinderung darstellen (außer vielleicht im Jagdeinsatz: solche Ohren sind schmutzanfälliger), so sollte man ihn deshalb nicht gleich als „Fehlzüchtung" verdammen. Der Grund für das Aufstellen der Ohren sind primär die Erbanlagen einiger Zuchtlinien.

Aufrechte Ohren sehen bei einem sehr kurz getrimmten Foxterrierkopf wirklich nicht gerade ästhetisch aus. Wenn man bemerkt, daß sich die Ohren des Junghundes aufzurichten beginnen, kann man sie nach vorn festkleben. Manchmal reicht es bereits, die Ohren des jungen Hundes nur innen auszutrimmen und die Außenseiten behaart zu lassen, so daß die natürliche Schwere für eine korrekte Faltung sorgt.

Unseriöse Züchter beheben den „Makel" durch einen Ohrschnitt (Entfer-

nung einer waagerechten Knorpel-
linie), was allerdings im Showring
genauso ein Betrug ist wie das Bre-
chen(!) einer über den Rücken getra-
genen Rute. Weil solche Machen-
schaften bei einigen Züchtern immer
noch üblich sind und nur weil mit
nicht standardgemäßen, „zurechtge-
bogenen" Hunden weitergezüchtet
wird, können sich solche Zuchtfehler
immer noch weiter verbreiten. Sie
wären aber ein schlechter Hundelieb-
haber, wenn Sie Ihren Foxterrier wegen derartiger Fehler weniger gern
hätten. Lassen Sie beim Trimmen die
Haare am Oberkopf einfach etwas
länger (dann wirken Stehohren ausgesprochen pfiffig!), und freuen Sie sich
über eine lustig getragene Rute!

███ *Stehohren – nicht vorschrifts-
mäßig, aber keck*

Wie macht man Haus und Garten hundesicher?

Vorsichtsmaßnahmen im Haus
Der Welpe wird auf allem herumkau-
en wollen, was er findet (Zahnwechsel!) und sich auch nur zeitweilig mit
Kauknochen von gefährlichen Dingen
ablenken lassen. Daher sollten Sie
folgende Vorkehrungsmaßnahmen
treffen:

███ Alle **Elektro- und Telefonkabel**
müssen hochgelegt, mit Kabelschel-
len an der Wand befestigt oder unter
dem Teppich versteckt werden.

███ Da dem Hund aus dem **Mülleimer** der Duft von Wurst- und Käse-
resten verführerisch ins Näschen
steigt, schaffen Sie sich einen standfe-
sten und sicher verschließbaren
Küchenmülleimer an, oder stellen Sie
den Abfallsammler in den Schrank.

███ **Papierkörbe** gehören außer
Reichweite des Welpen, solange Bonbonpapier, Büroklammern und ähnli-
che unverdauliche Dinge hineinge-
worfen werden.

███ Auch **Medikamente, Wasch-
und Putzmittel** müssen für den Hund
unerreichbar sein.

Ein sicherer Garten
███ Achten Sie bitte im Garten
streng darauf, daß Ihr Hund niemals

37

Eine Stufe?

So ein Welpe hat's schwer ...

an **giftigen Pflanzen** knabbert oder Zwiebeln ausgräbt und probiert. Trennen Sie sich von solchen Pflanzen, wenn der Kleine sich wiederholt daran zu schaffen macht. Meist merkt er allerdings selbst, was ihm nicht guttut. Grasfressen ist unschädlich, auch wenn der Hund sich – das kann der Zweck sein! – anschließend übergibt. Geben Sie ihm dann täglich Frischkost (Obst, Rohkost, Kräuter) zum Futter, Vitamine und Chlorophyll sind ohnehin wichtig. Diese Zusätze mindern die Gefahr, daß der Hund im Garten von sich aus Grünes nascht.

Sobald Sie den Entschluß gefaßt haben, ein vierbeiniges Familienmitglied aufzunehmen, verzichten Sie im Garten konsequent auf **Pflanzenschutzmittel** und **Kunstdünger.**

Ihr **Gartenzaun** muß absolut ausbruchssicher sein, da der Foxterrier sonst zum Streunen neigt. Einen 1 m hohen Zaun überspringt er leicht, vor allem wenn Sie auf dem Hunde-

platz auch noch Hochsprünge mit ihm üben. Am Boden muß das Unterbuddeln des Zaunes mit eingegrabenem Kaninchendraht oder einem Abschluß aus Betonplatten verhindert werden. Der Foxterrier flitzt durch das kleinste Loch im Zaun, und wenn Sie denken, Ihre dichte Hecke böte genügend Sicherheit, wird er Sie bald eines Besseren belehren.

Wichtig: Das Gartentor muß abschließbar sein. Ein Sprung auf die Türklinke, und der Foxterrier würde sich auf eine gefahrvolle Entdeckungstour machen.

Scheuen Sie diese Mühen und die entsprechenden Kosten bitte nicht! Ein Hund, dem ein ganzer Garten (oder ein abgetrennter Teil davon) zur Verfügung steht, ist viel fröhlicher als ein Zwingerhund, zu dem sich der Foxterrier ohnehin nicht eignet.

■■■ *Warum hilft denn keiner?*

Die Erstausstattung

Halsband und Leine

Das erste Welpenhalsband für einen Foxterrier sollte ca. 35 bis 37 cm lang sein. Befestigen Sie unbedingt einen Adreßanhänger daran für den Fall, daß Ihr freiheitsliebender Foxterrier Ihnen doch einmal entwischt. Kaufen Sie eine stabile, schmale, etwa 1 m lange *Lederleine*. Sie können auch eine bißfeste, dünne Kettenleine wählen, doch wird sie Ihnen bei der Erziehung zur Leinenführigkeit (Ruck) in Ihrer Hand Schmerzen verursachen.

Unser Tip

Für Ausflüge in den Park empfiehlt sich eine flexible Abrollleine, zunächst Größe 2, bei sehr kräftigen Rüden Größe 3.

Näpfe und Futter

Für Wasser und Futter wählen Sie zwei mittelgroße, schwere Näpfe, die der Hund nicht so leicht durch die Küche schubsen kann (Gummifüße oder -ring). Der Futterplatz sollte sich an einem ruhigen Ort befinden, und zwar immer an derselben Stelle.

Entscheiden Sie sich von vornherein für eine bestimmte *Welpenfertignahrung*. Fragen Sie den Züchter, welches Futter die Kleinen dort erhalten. So kommt es später nicht zu Magen- und Darmproblemen. Viele Züchter geben vorsorglich Futter für einige Tage mit oder verkaufen Ihnen die bevorzugte Sorte. Sehen Sie sich beizeiten nach einem Geschäft in Ihrer Nähe um, das diese Marke führt.

Pflegeutensilien

Für die Pflege benötigen Sie
◆ eine feste Naturborstenbürste
◆ einen mittelweit gezahnten Metallkamm
◆ einen Fellentfilzungskamm (nur für Drahthaar)
◆ einen Flohkamm

In der Zeit nach dem Trimmen freut sich der Drahthaar-Foxterrier über eine kräftige Massage mit einem Terrierstriegel (Drahtborsten).

Ausstattung für das Hundebett und Wahl des Ruheplatzes

Richten Sie für tagsüber und für nachts je einen Ruheplatz ein. Dazu empfehlen sich *Spezialdecken*, die Nässe durchlassen und Körperwärme reflektieren (Bezugsquelle Seite 93) und somit von vornherein einigen Krankheiten wie Liegebeulen, Rheuma, Arthrose, Nierenproblemen usw. vorbeugen. Oder legen Sie Ihrem kleinen Freund ein kurzfloriges *Lammfell* hin, zu beziehen als Gesundheitsartikel (Sanitätshaus) oder als Maßanfertigung von einem Autositzbezüge-Hersteller, preiswert aus Reststücken zusammengenäht. Solch ein Fell kühlt im Sommer und wärmt im Winter. Auch ein gewöhnliches festes *Kopfkissen* zum Einkuscheln, eine *Matratze* mit Decke oder ein dickes Stück *Schaumstoff* (60 x 80 cm, Baumarkt) mit selbstgenähten Wechselbezügen wäre schön. Ein Körbchen würde der Hund noch zerknabbern. Der Tagesruheplatz soll zugfrei sein. Vor einem Heizkörper darf der Hund nicht liegen, er würde dort verweichlichen. Plazieren Sie ihn so weit im Geschehen, daß Ihr Foxterrier sich nie ausgeschlossen fühlt. Ideal wäre eine von oben geschützte „Höhle", etwa unter einer Arbeitsplatte in der Küche oder unter dem Schreibtisch, an dem Sie oft arbeiten. Vielleicht sucht sich Ihr kleiner Genießer seinen Lieblingsplatz auch selbst. Legen Sie dann dort seine Decke hin.

Das Nachtlager (mit Trinknapf!) wünscht sich der anhängliche Foxterrier möglichst nahe bei seinem „Rudel", also in Ihrem Schlafzimmer oder zumindest im Nebenraum.

Wichtig: Keinesfalls dürfen Sie den Hund nachts einfach wegsperren, in die Waschküche oder gar in den Schuppen!

Ein Foxterrier leidet sehr, wenn er wie ein „Ausgestoßener" behandelt und – in seinen Augen – verachtet wird! Erklären Sie Ihr Bett zur Tabuzone, falls Sie (noch?!) keinen Wert auf einen sich ankuschelnden „Fußwärmer" legen. Aus hygienischer Sicht spricht nichts dagegen, den Hund mit ins Bett zu nehmen, sofern Sie ihn gut pflegen. Falls Ihr Foxterrier zu den ganz Schlauen gehört, die mit dem Sprung ins Bett warten, bis die Zweibeiner schlafen, kann er die Nacht auch in einer selbstgebauten, verschließbaren Zimmerhütte in Ihrer Nähe verbringen. Ein Kinderlaufgitter ist ebenfalls eine gute Lösung; die Gitterstäbe müssen aber so dicht stehen, daß der Hund sich dazwischen

 Optimal: Sicherheitsgurt plus *wannenartige Autodecke*

Utensilien fürs Zweitrevier Auto

Im Auto benötigt der Hund eine *Decke* auf den Rücksitzen und ein zwischen Vorder- und Rücksitze gespanntes *Sicherheitsnetz* oder *-gitter,* damit er nicht plötzlich zwischen Schaltknüppel und Gaspedal auftaucht. Besser wäre – auch zur Sicherheit des Hundes – ein mitwachsender, also verstellbarer *Gurt* zum Anschnallen. Eine Decke, die wie eine Wanne den Platz zwischen Vorder- und Rücksitzen abdeckt (Bezugsadressen Seite 93), schafft mehr Platz auf dem Rücksitz und verhindert, daß der Hund in den Fußraum abrutscht, zum Beispiel bei scharfem Bremsen.

nicht erwürgen kann! Auch eine Transportbox eignet sich als Schlafkammer (allerdings bietet sie etwas wenig Bewegungsfreiheit), besonders wenn Sie oft mit ihm verreisen oder Ausstellungen besuchen wollen.

Checkliste **Erstausstattung**

◆ *Welpenhalsband, bis 30 cm*
◆ *Lederhalsband, bis 37 cm*
◆ *Lederleine oder dünne Kettenleine, 1 m lang*
◆ *Adreßanhänger*
◆ *3 mittelgroße, schwere Näpfe (für Futter und Wasser)*
◆ *Welpenfutter*
◆ *straffe Bürste*
◆ *mittelweit gezahnter Metallkamm*
◆ *Flohkamm*

◆ *Fellentfilzungskamm (nur für Drahthaar)*
◆ *Terrierstriegel*
◆ *2 Liegedecken oder andere Ruheplatzausstattung*
◆ *Autodecke*
◆ *Sicherheitsgurt bzw. Gitter oder Netz*
◆ *Quietschspielzeug oder Ball*
◆ *welpengerechte Belohnungshappen, beispielsweise Milchdrops*

Das Abholen vom Züchter

Kein seriöser Züchter wird Ihnen Ihren Hund per Bahnfracht frei Haus liefern, der Kleine bekäme einen Schock fürs Leben! Deshalb müssen Sie sich selbst auf die Reise machen. Damit Sie Ihren neuen vierbeinigen Gefährten problemlos nach Hause bringen, sollten Sie folgende Vorkehrungsmaßnahmen treffen:

■ Decken Sie die Rücksitze Ihres Autos mit einer Wachstischdecke oder einer Folie ab.

■ Stellen Sie einen hochwandigen Karton darauf, in den Sie den Welpen setzen können, falls er auf dem Schoß Ihrer Begleitperson zu unruhig wird.

■ Nehmen Sie Plastiktüten (für Kot) und einen Wischlappen mit: möglich, daß der Kleine auf der ungewohnten Fahrt nicht „dicht hält".

■ Für die Pausen (nie lange an einem Stück fahren!) brauchen Sie unbedingt Halsband und Leine, sonst geht der neugierige Kleine womöglich bereits auf seiner allerersten Entdeckungstour auf einem fremden Parkplatz verloren.

Wichtig: Treten Sie die Heimfahrt nicht an, wenn der Welpe gerade eine Mahlzeit bekommen hat. Dann würde ihm bei seiner ersten Autofahrt wahrscheinlich schlecht, und er hätte in Zukunft möglicherweise keine Freude mehr am Autofahren.

Der Welpe muß sich zurückziehen können, um Ruhe zu haben

Die erste Zeit daheim

Hundebabys brauchen Ruhe

Sie kommen heim. Die ganze Familie ist da, reicht den Kleinen herum: „Oh, wie süß!", „Gib ihn mir auch mal!" Nein, so machen Sie es bitte nicht!

Die neue Umgebung bedeutet für den Welpen Aufregung genug, er braucht jetzt Ruhe!

Zeigen Sie ihm seinen Wassernapf. Geben Sie ihm etwas Futter, an dem vorgeplanten Ort. Legen Sie ihn auf seinen Tagesruheplatz. Vielleicht hat der Welpe bald Lust, sein neues Revier zu erkunden. Zeigen Sie ihm zunächst den Garten, und warten Sie, bis er dringende Bedürfnisse erledigt hat. Machen Sie aber noch keinen Spaziergang (Impfschutz fehlt!); setzen Sie den Welpen höchstens auf den Grünstreifen in Ihrer Nähe, falls Sie keinen Garten haben. Führen Sie dann den Kleinen in der Wohnung herum.

Wichtig: Selbstverständlich bleibt ab sofort die Haustür immer geschlossen, liegen weder Bonbonpapier noch Stecknadeln herum, steht keine brennende Kerze auf dem Tisch und sind alle spitzen, scharfen Gartengeräte ordentlich verstaut.

Nehmen Sie sich viel Zeit!

Nun beginnen die schönsten und interessantesten Wochen mit Ihrem Foxterrier. Nie wieder wird er so lernbereit und liebenswürdig sein wie jetzt. Nutzen Sie diese Zeit, indem Sie für Ihren Welpen mindestens 3 Wochen Urlaub nehmen und sofort mit der Grunderziehung beginnen. Nur wenn jetzt immer, in jeder Minute, jemand für ihn da ist, vermeiden Sie, daß er sich Unarten angewöhnt. Das gilt besonders für die Stubenreinheit. Die ersten Monate entscheiden über das ganze Hundeleben!

Alle heißen „Foxi"

Denken Sie daran, vor dem Abholen des Welpen einen Namen festzulegen. Der Hund muß vom ersten Tag an gerufen werden können. Früher nannte man alle Foxterrier „Struppi", heute heißen viele „Foxi" oder „Terry". Falls der Züchter keinen Namen gefunden hat, der Ihnen zusagt, paßt am besten ein Name aus dem Ursprungsland der Rasse (England). Hier einige Vorschläge:

◆ *für Rüden:* Andy, Bobby, Chris, Danny, Eric, Freddy, Gary, Hudson, Ian, Jeff, Kilroy, Lenny, Mitch
◆ *für Hündinnen:* Nora, Oralie, Patty, Queenie, Rosie, Suzy, Tammy, Uma, Vicky, Weena, Xenia, Yella, Zara.

Die richtige Ernährung

Versorgung des Welpen

Als Welpe benötigt der Foxterrier, wie jedes Hundebaby, ein gutes Aufzuchtfutter, das Ihnen der Züchter empfohlen hat. *Industriell gefertigte Welpennahrung* enthält alle notwendigen Stoffe, die der Kleine für eine gesunde Entwicklung braucht.

Wichtig: Die Ausgewogenheit der Welpennahrung sollte nicht durch zusätzliche Vitamine, Mineralstoffe oder Kalkpräparate beeinträchtigt werden.

Nur auf tierärztlichen Rat, etwa wenn der Welpe nicht aus einer optimalen Zucht stammt, die Mutterhündin und die Welpen nur mit Essensresten ernährt wurden und möglicherweise der Knochenbau zu wünschen übrig läßt, darf Welpenfutter durch Zusatzpräparate ergänzt werden.
Bereiten Sie die Welpenkost nicht selbst zu, die Zusammensetzung muß genau auf die Bedürfnisse des heranwachsenden Hundes abgestimmt sein! Dosen- und Trockenfutter für erwachsene Hunde ist zwar billiger, wird aber den Ansprüchen des Welpen nicht gerecht. Das Geld, das Sie hier sparen würden, müßten Sie später zum Tierarzt bringen!
Der Welpe bekommt anfangs alle 4 Stunden eine kleine Mahlzeit: die erste bereits morgens um 7 Uhr, dann um 11 Uhr, 15 Uhr und zuletzt um 19 Uhr. Sobald er 3 Monate alt ist, verteilen Sie die tägliche Futtermenge auf drei Mahlzeiten. Ab dem achten Lebensmonat kann der Junghund schon zwei größere Mahlzeiten pro Tag verkraften.
Die Menge richtet sich nach dem Appetit, der unter anderem von der Aktivität des Hundes abhängt. Normalerweise benötigt der Welpe bzw. der Junghund dieselbe Tagesration wie später der erwachsene Hund.
Verwöhnen Sie den heranwachsenden Hund nicht mit Hundekuchen, die zwar satt machen, aber nicht alle die Stoffe enthalten, die der Kleine für ein gesundes Wachstum braucht. Wenige spezielle *Welpenkaustangen* sind erlaubt, ebenso *Milchdrops* und *Welpen-Trockenfutterbröckchen.*

Wichtig: Essensreste müssen vor allem in der Wachstumsphase tabu sein! Auch später sollte der Hund weder Gesalzenes noch Gewürztes noch mit Konservierungsmitteln versetzte Nahrungsmittel erhalten.

Fütterung des erwachsenen Hundes

Ab dem ersten Geburtstag stellen Sie das Futter langsam auf eine gute Fertignahrung für erwachsene Hunde (ohne Farb- und Konservierungs-stoffe!) um. Fügen Sie dem bisherigen Welpenfutter zuerst nur wenig von der neuen Nahrung hinzu, aber steigern Sie von Tag zu Tag, wobei Sie natürlich den Welpenkostanteil entsprechend verringern. So dürfte es wegen der Umstellung kaum zu Magen-Darm-Störungen kommen.

Fertigfutter – die ideale Ernährung

Mit industriell hergestelltem Futter ernähren Sie Ihren Hund optimal.

▬ *Dosenfutter* hat den Vorteil, daß es ohne Konservierungsstoffe hergestellt wird, was vor allem bei einer Allergie wichtig sein kann.

■■■ Wenn Sie ab dem ersten Hundegeburtstag *Trockenfutter* verwenden, geben Sie bitte hin und wieder einen Teelöffel Sonnenblumen- oder Sojaöl dazu, da Trockennahrung aus Konservierungsgründen meist zuwenig (unter 10 %) ungesättigte Fettsäuren enthält. Ein Mangel daran führt unter anderem zu struppigem Fell.
Neben dem Preisvorteil bietet Trockenfutter den positiven Aspekt der Zahnreinigung.

■■■ *Halbfeuchtfutter* enthält viel Zucker und hat aus Haltbarkeitsgründen einen hohen Anteil an Konservierungsstoffen.

Die beliebten halbfeuchten Ringe sollten Sie deshalb nur einzeln als Belohnung geben.

■■■ Besonders empfehlenswert ist *Hundereformkost,* die aus besonders hochwertigem Trockenfutter besteht (mit allen wichtigen Vitaminen, Mineralstoffen und genügend ungesättigten Fettsäuren, frei von chemischen Konservierungsmitteln und Farbstoffen). Dieses Basisfutter wird täglich abwechslungsreich mit Fleisch und frischer Rohkost ergänzt (Bezugsquelle Seite 93). Gesünder kann man einen Hund kaum ernähren.

■■■ Bitte beachten: Arbeits- und Leistungshunde (Jagd, Sport) brauchen hochwertiges *Leistungsfutter* in oft erheblich größeren Mengen.

Gesunde Kost selbstgemacht

Für den erwachsenen Hund können Sie das Futter selbst zubereiten. Kleine Fehler, die Sie dabei machen werden (Calcium, Vitamine, Mineralstoffe), sind dann nicht mehr so tragisch,

■ *Täglich frisches Gemüse – lecker!*

solange das Futter abwechslungsreich bleibt. Die Mahlzeit besteht zu einem Drittel bis maximal zur Hälfte aus gut abgekochtem Fleisch.

Wichtig: Rohes Fleisch kann den tödlichen Aujeszky-Virus oder Salmonellen enthalten.

Ergänzen Sie die Kost zu ca. zwei Dritteln durch
◆ Hundeflocken (Fertigprodukt),
◆ Reis,
◆ Nudeln,
◆ Kartoffeln,
◆ etwas frisches Obst (wenn Ihr Feinschmecker das mag),
◆ oder frisches Gemüse (außer Kohl und Zwiebeln: sie verursachen Blähungen! Vorsicht bei Tomaten: Salze belasten die Nieren!).

Besprechen Sie bitte mit Ihrem Tierarzt, ob bei dieser Kost noch ein Vitamin-Mineralstoff-Präparat und Kalktabletten nötig sind.

Besser zwei kleine Mahlzeiten als eine große

Bleiben Sie möglichst dabei, Ihren Foxterrier zweimal täglich zu füttern. Das entlastet die Verdauungsorgane. Lediglich Arbeitshunde, denen tagsüber keine Ruhepause nach dem

Unser Tip

Wischen Sie dem Foxterrier nach dem Fressen mit einem Tuch den Bart ab. Manche Foxterrier sind reinlich wie Katzen und erledigen das sonst selbst, indem sie mit dem Kopf um die Möbel streichen; oder sie putzen sich den Bart nach Katzenart mit den Vorderpfoten.

Fressen bliebe und deren Motivation zur Jagd der Hunger ist, bekommen immer abends ihre komplette Tagesration.

Bei zwei kleinen Portionen, also mit halbvollem Magen, ist auch die Gefahr einer – meist tödlichen! – Magendrehung nicht so groß, wenn der Hund anschließend unbeaufsichtigt herumtoben oder sich direkt nach dem Fressen wohlig auf dem Rasen wälzen sollte, weil er vielleicht sein Lieblingsparfüm Marke „Katzenkot" gerochen hat. Zwar ist der Foxterrier vom Körperbau her nicht anfällig für eine Magendrehung, aber Vorsicht kann nicht schaden! Aus demselben Grund geht man nicht unmittelbar nach dem Füttern mit dem Hund spazieren, er möchte dann ohnehin lieber sein Verdauungsschläfchen machen.

Wichtig: Spielen und Herumtollen sind nach dem Fressen für mindestens 1 Stunde strikt verboten! Erklären Sie das unbedingt auch Ihren Kindern!

Mäkelfresser

Foxterrier sind clever genug, die Schwächen ihrer Besitzer auszunutzen. Manche rühren ihr Futter nicht an, ehe sie das Allerfeinste per Handfütterung gereicht bekommen. Geben Sie nicht nach, sondern machen Sie Unterordnungsübungen! Lassen Sie aber zur Sicherheit durch den Tierarzt prüfen, ob eine Unverträglichkeit oder eine Organschwäche (Nieren!) vorliegt. Dann kann eine spezielle Schonkost nötig sein.

Bei Unverträglichkeiten ist Dosenfutter dem Trockenfutter vorzuziehen, weil es ohne Konservierungsstoffe hergestellt wird. Mäkelfresser entwickeln oft bei Hundereformkost (siehe Seite 46, Bezugsadresse Seite 93) einen guten Appetit.

Fütterungsplan	
Welpe:	4mal täglich, ca. 7 Uhr, 11 Uhr, 15 Uhr, 19 Uhr (also alle 4 Std.)
ab 4. Lebensmonat:	3mal täglich Welpenfutter
ab 8. Lebensmonat:	2mal täglich Welpenfutter
ab 13. Lebensmonat:	1- bis 2mal täglich Futter für erwachsene Hunde
bei Alterserscheinungen:	2- bis 3mal täglich füttern, evtl. Schonkost Die Futtermenge richtet sich nicht nach Tabellen, sondern nach der Aktivität des Hundes und der Fühlbarkeit der Rippen!
zur Belohnung Welpen: erwachsene Hunde:	Milchdrops, Welpenkaustangen, Welpen Trockenfutterbröckchen möglichst naturbelassene Produkte ohne Farb- und Konservierungsstoffe

Die Erziehung

Das A & O: Dominanz und Konsequenz

Der Foxterrier ist zu selbstbewußt, klug und pfiffig, um sich erzieherischen Zwangsmaßnahmen widerstandslos zu beugen. Man muß vielmehr sein Herz gewinnen und psychische Überlegenheit ausstrahlen, damit der Foxterrier selbst den Wunsch hat, freudig zu gehorchen. Die Erziehung eines Foxterriers erfordert viel Fingerspitzengefühl. Sie muß ausgesprochen konsequent und fest sein, und trotzdem darf man sich nicht zu übertriebener Härte hinreißen lassen. Das erweist sich in der Praxis als gar nicht so einfach, wenn etwa der geliebte Welpe seinen heimkommenden Herrn mit einem herzhaften Fersenbiß „begrüßt". Dem Hund muß sein niederer Rang im Familien-„Rudel" unbedingt sehr früh klargemacht werden, sonst wird der Kleine früher oder später selbst den „Chef" spielen und seine „Untergebenen" zurechtweisen wollen. Hüten Sie sich jedoch davor, Ihren Foxterrier „brechen" zu wollen; denn Sie wünschen sich doch einen Freund an Ihrer Seite und keinen kriecherischen Untertan. Seien Sie Ihrem Foxterrier gegenüber immer fair!

Unser Tip

Lassen Sie ihn sich setzen, bevor er Belohnungsleckereien erhält. So wird er nie aufdringlich betteln.

Erziehung beginnt bei Mama: immer gerecht und ohne harte Strafe

Ein Spielchen als Abwechslung

Er hat's im Griff!

Wichtig: Solange der Foxterrier seinen Herrn nicht wirklich respektiert, wird er versuchen, mit enormer Sturheit und Unfolgsamkeit seinen eigenen Willen durchzusetzen. Das darf ihm nicht ein einziges Mal gelingen!

Haben Sie ausgerechnet den Chef des Welpenrudels erwischt, müssen Sie bereits bei gelegentlicher Nachgiebigkeit damit rechnen, daß dieser geborene Anführer sein Leben lang Machtkämpfe mit Ihnen austragen wird. Vielleicht wird er sich nie richtig unterordnen, also nie sicher gehorchen, da es ihm ausgesprochen schwerfällt, seine Führungsposition aufzugeben und Ihre Überlegenheit anzuerkennen. Mehr als jeder andere Hund muß solch ein Alphatier Ihre psychische Dominanz spüren, die Sie auf folgende Weise erreichen:

Beginnen Sie mit der Erziehung am ersten Tag. Beschäftigen Sie sich so viel wie nur möglich mit Ihrem vierbeinigen Familienzuwachs, um eine gute Bindung aufzubauen und seine Intelligenz zu wecken und zu fördern. Loben Sie erwünschtes Verhalten.

Wichtig: Verleiden Sie dem Kleinen alle sich einschleichenden Unarten, und zwar ohne Geschrei, Schläge, Tritte, Jähzorn, Würge- und Stachelhalsband, dafür aber mit entsprechendem Nachdruck.

Bleiben Sie ruhig und besonnen. Erzwingen Sie nichts, sondern machen Sie dem Foxterrier Ihre Wünsche klar. Leiten Sie Ihren Schüler, unterstützen Sie das Lernen, zum Beispiel durch Hinweise mit Ihren

seine Schnauze: ruhig, wortlos, fest, entschlossen und ohne Angst vor den spitzen Milchzähnchen. Essen Sie genüßlich etwas Brot, lassen Sie den bettelnden Hund schmachten. Geben Sie ihm nur den allerletzten Bissen. Dadurch erkennt er: Zuerst „frißt" der Chef!

Händen. Bevor Sie auf die Idee kommen, Zwangsmaßnahmen einzusetzen, sollten Sie die Gründe für die Lernunwilligkeit erforschen: etwa ein voller Bauch, Überforderung, körperliche Beschwerden.

Wirken Sie dann auf die Psyche des Hundes ein, bevor Sie mit der Ausbildung fortfahren. Fehlt ihm Selbstvertrauen, geben Sie ihm durch Zusammensein mit Artgenossen Sicherheit. Hat er Angst, führen Sie ihn sanft an die Sache heran. Bleiben Sie einfühlsam, ruhig, geduldig. Lassen Sie sich Ihre Wut über manch eine Aufsässigkeit nicht anmerken: Der Kleine steckt nur seine Grenzen ab! Als „Rudelführer", der Sie in den Augen des Hundes sein wollen, müssen Sie Souveränität ausstrahlen.

■■■ **Imponieren Sie Ihrem Zögling.** Spielen Sie den Herrn über alle Leckerbissen. Nehmen Sie dem Welpen mit dem Kommando „Aus!" den Futternapf weg. Protestiert er, greifen Sie als Dominanzgeste von oben über

■■■ **Ignorieren Sie seine Wünsche.** Lassen Sie ihn links liegen, wenn er aufdringlich wird. Biegen Sie beim Spaziergang nach rechts ab, sobald er nach links zieht. Dulden Sie keinen Ungehorsam aus Trotz! Ihr Foxterrier will Sie nur testen!

■■■ **Lassen Sie dem Welpen nichts durchgehen.** „Nein!" ist „Nein!" – heute, morgen, immer. Es gibt kein „Na, ausnahmsweise." Ein zartbesaitetes Frauchen macht der Foxterrier sich sehr bald untertan. Der Hund muß seine Grenzen klar erkennen können. Foxterrier besitzen eine gute Auffassungsgabe, sind pfiffig, egoistisch und schlitzohrig genug, um Ihre Nachgiebigkeit beim nächsten Mal bedenkenlos auszunutzen. Dann macht Ihr Hund in Zukunft, was er will, und ist bald der Herr im Haus, betrachtet „seine" Menschen als Untergebene, nimmt nur noch exquisites Futter per Handfütterung an, tyrannisiert die Familie oder weist sie sogar mit Bissen zurecht. Man hat es ihn ja so „gelehrt"! Besondere Vorsicht ist in den „Flegelmonaten" (Pubertät) nach dem Zahnwechsel geboten.

▬ **Denken Sie wie ein Hund.** Ein Hund verknüpft stets „wenn" und „dann". Wenn er gehorcht, dann wird er gelobt. Wenn er hinaus will – aha! – dann muß man an der Tür kratzen (hat beim ersten Dringlichkeitsversuch auch geklappt!).
Ein Beispiel: Der Welpe hat vergessen, daß er „Geschäftliches" im Garten erledigen soll statt auf dem Teppich. Etliche Minuten später entdecken Sie die Bescherung und schimpfen, während der Kleine mit seinem Bällchen spielt. Der Welpe „lernt": „Wenn ich mit dem Bällchen spiele, dann wird mein Mensch böse." Das verfehlt natürlich den Sinn jeder Erziehung. Ebenso dürfen Sie Ihren Hund nie strafen, wenn Sie beim Spaziergang vergeblich nach ihm gerufen haben, er aber dann doch kommt. Er darf niemals „für das Kommen" ausgeschimpft werden!

Unser Tip

Sagen Sie „Herrchen kommt!" (oder andere Namen), noch ehe der Hund den Heimkehrer bemerkt

Wichtig: Loben oder schelten Sie Ihren Hund nur unmittelbar nach oder direkt bei einem richtigen bzw. falschen Verhalten, sonst erkennt er den Zusammenhang nicht.

▬ **Greifen Sie in die Trickkiste.** Manchmal hilft kein Verbot, dann muß der Hund aus der Erfahrung lernen. Angelt er wieder einmal im Gartenteich nach den Fischen, wenn er sich unbeobachtet fühlt, werfen Sie unbemerkt eine Wurfkette oder – nur bei einem „harten" Hund! – eine mit Steinchen gefüllte Getränkedose

▬ *Man sieht ihm nicht an, welch ein Lausebengel er sein kann*

(„Rasseldose") nach ihm. Der Hund verknüpft: „Fische fangen tut weh!/ …macht entsetzlich Krach!" Manchmal sind mehrere solcher Attacken aus dem Hinterhalt notwendig.

Mit derlei psychologischen Tricks können Sie ihm auch das leidige Stehlen vergällen: Mit der Wurst, die er in einer offenen Gefrierdose auf dem Tisch gerochen und die er sich geangelt hat, fällt auch ein klirrender Gegenstand auf den Küchenboden. Verdammt unangenehm: Die Wurst wehrt sich!

Mit einem lauten Knall, etwa einer Schreckschußpistole, wird man dagegen beim Foxterrier selten Furcht auslösen; er ist schußfest.

Es gibt „harte" Hunde, die selbst solche Schreckmittel ignorieren oder sogar fröhlich mit der geworfenen Rasseldose davonhoppeln: ein feines neues Spielzeug! Dann hilft nur noch strenge Unterordnungserziehung. Als „Strafe" allgemein bekannt dürfte das Nackenschütteln sein, es hat sich

Unser Tip

Ist die Wurfkette oder Rasseldose nicht zur Hand, nehmen Sie einen Schlüsselbund oder einen anderen Gegenstand.

Unser Tip

Bei Aufsässigkeit schadet dem robusten Foxterrier ein heftiges Anschnauzen nicht. Besser, er weiß jetzt, was er zu tun und zu lassen hat, als daß Sie ihn mit wenig wirksamen Worten immer wieder auf denselben Fehler aufmerksam machen müssen.

aber in der Praxis bei Foxterriern meist als wirkungslos erwiesen. Ein Schnauzengriff beeindruckt sie entschieden mehr.

■■ **Seien Sie präzise.** Benutzen Sie für Ihre Wünsche immer dieselben Worte. „Sitz!" lernt der Welpe schnell, aber was in aller Welt heißt „Nun setz dich da schön hin!"? Ein klares „Bring!" und „Aus!" ist immer besser als „Gib Frauchen mal schön das Bällchen, mein Kleiner", wenn er sich siegesgewiß mit seiner Spielzeugbeute unter einem Möbelstück verschanzt hat. Ihr Hund soll verstehen lernen, was Sie von ihm wollen. Machen Sie es ihm nicht unnötig schwer.

■■ **Denken und handeln Sie positiv!** Bei Sturheit sagen Sie nicht: „Willst du das wohl lernen, du alter Trotzkopf!", sondern freundlich motivierend: „Na, komm, sei ein guter Hund. Du kannst das!"

▬ **Achten Sie auf Ihre Stimmlage.** Hohe Töne bedeuten Lob für den Hund, tiefe Töne faßt er als Tadel auf. Schimpfen Sie Ihren Foxterrier einmal versuchsweise in hoher Stimmlage aus: „Na, du dummer kleiner Hund, hast du das denn immer noch nicht verstanden, du Frechdachs, du?!" Er wird schwanzwedelnd und freudig auf Sie zukommen.

Wichtig: Lernen Sie, Ihre Stimme nach dem Tadel sofort wieder auf „freundlich" umzuschalten!

▬ **Bleiben Sie konsequent.** Ehe der Foxterrier Ihnen auf der Nase herumtanzt, muß ihm mit Konsequenz klargemacht werden, daß er sich nicht alles erlauben darf. Er respektiert das, und nach dem nächsten Lob und Streicheln (nur nicht direkt nach dem Tadel, sonst wäre er wirkungslos!) ist seine Welt schnell wieder in Ordnung.

Stubenrein, gartenrein, straßenrein

Ein kleiner Foxterrier muß, wie jeder Welpe, natürlich zuallererst lernen, stubenrein zu werden. Das ist überhaupt kein Problem, denn das Lernen

fällt allen Foxterriern leicht. Für Sie besteht die ganze Kunst darin, den Welpen in jeder Minute zu beobachten und ihn niemals aus den Augen zu lassen. Wenn er den Teppich schnuppernd nach einem geeigneten Plätzchen absucht, wird es höchste Zeit, ihn an seinen vorbestimmten Platz im Garten zu tragen. Außerdem haben alle Welpen immer nach dem Trinken, Fressen und Schlafen kleine oder große Bedürfnisse. Dann sofort hinaus mit dem Hund! Bald strebt er nach der Fütterung selbständig zur Tür, der erste Schritt ist geschafft. Schicken Sie den Welpen spätestens nach 2 Stunden wieder hinaus. Geben Sie zwei verschiedene Kommandos („Mach schön!", „Bächlein!", „Beinchen heben!", „Beeil dich!", „Fix!" etc.), wenn der Hund gerade

dabei ist, das große bzw. kleine Geschäft zu erledigen. Loben Sie ihn anschließend herzlich! Später kann er es dann auf Kommando, was sich besonders vor dem Schlafengehen als äußerst praktisch und zeitsparend erweist.
Passiert doch einmal ein Malheur im Haus, schimpfen Sie nur kurz: „Pfui!" (= absolutes Tabu), tragen den Kleinen trotzdem noch an sein Plätzchen im Garten und nehmen später den Fleckentferner zur Hand.

Wichtig: Daß man die Hundenase heutzutage nicht mehr in Urin oder Kot taucht, sollte sich inzwischen herumgesprochen haben. Dadurch lernt der Welpe nämlich gar nichts – höchstens, daß er einen brutalen Besitzer hat.

Nachts setzen Sie den Kleinen neben Ihrem Bett oder im Nachbarzimmer in einen Karton (mit Kissen oder einer weichen Decke), aus dem er nicht herauskrabbeln kann. Bei seiner Mutter sollte er bereits gelernt haben, daß man sein „Nest" nicht beschmutzt; deshalb wird er sich fiepend melden. Es kann ein paar Wochen dauern, bis das Hundebaby eine ganze Nacht durchhält; manche Welpen schaffen aber schon in der ersten Woche 7 bis

Unser Tip

Auch bei erwachsenen Hunden, die nachts aus Angst oder Protest nicht stubenrein sind, hat es sich bewährt, sie in einen „ausbruchssicheren" Karton oder in eine Zimmerhütte zu setzen.

8 Stunden. Legen Sie Ihre Kleidung in Reichweite, so daß Sie schnell bereit sind, den Kleinen nachts in den Garten zu tragen. Lassen Sie ihn nicht selbst gehen, sonst passiert's leicht unterwegs!
Wenn es Ihnen widerstrebt, im Garten mit einer Schaufel bzw. auf dem Bürgersteig mit einer Plastiktüte Hundehäufchen einzusammeln, können Sie Ihren Foxterrier garten- bzw. straßenrein erziehen – was Ihnen lieber ist. Nicht verwehren dürfen Sie ihm allerdings das Hinterlassen flüssiger Duftbotschaften an seine Artgenossen. (Bringen Sie dem Welpen bei, bei Spaziergängen sein Häufchen unter Büsche zu plazieren, oder Sie müssen doch den Kot mit einer über die Hand gestülpten Plastiktüte einsammeln.)

Die wichtigsten Kommandos

„Komm!"

Auf dieses Kommando hin, das man in Verbindung mit dem Namen ruft, lernt der Welpe zu kommen, indem man ihn mit Milchdrops lockt. Lassen Sie manchmal die Belohnung weg, sonst hält er die Leckerei bald für sein verbrieftes Recht – und wenn er keinen Appetit hat, gehorcht er nicht. Ersetzen Sie die Milchdrops allmählich durch liebevolles Streicheln, darüber freut sich der Kleine genauso.

Wichtig: Üben Sie das Kommen, noch an der Leine, unbedingt nicht nur im Garten, sondern auch an fremden Orten, wo allerlei aufregende Dinge und Gerüche den Hund ablenken.

Lob ist sehr wichtig, es darf ruhig übertrieben großzügig ausfallen („abliebeln"!). Im Idealfall ist für ihn das Kommen zu seinem „Meister Zweibein" erstrebenswerter, als einem flinken Kaninchen auf dem Feld nachzujagen!

„Bleib!" – ruhig allein bleiben

Bereits der Welpe muß lernen, einige Zeit allein daheim zu bleiben. Dafür bietet sich anfangs die gefliese

Typisch Terrier: Verbissen hält er fest. Das Kommando „Aus" muß konsequent durchgesetzt werden

Küche an, wo sich ein Fleck auf dem Boden leicht aufwischen läßt, falls der Welpe aus Angst seine Stubenreinheit vergißt. Geben Sie ihm das Kommando „Bleib!", und verlassen Sie dann – ohne Abschiedsszene – den Raum oder die Wohnung. Bleiben Sie anfangs nur wenige Minuten weg. Beim „Heimkommen" begrüßen Sie den Kleinen sehr, sehr herzlich, vielleicht auch mit einer Leckerei, so daß er sich beim nächsten Warten ebenfalls auf etwas Feines freut.

„Aus!" – hergeben

Ein weiteres wichtiges Kommando heißt „Aus!" Der Hund muß ohne Zögern alles fallen lassen, was er gerade zwischen den Zähnen hält: seinen Ball oder die gerade noch tüchtig gebeutelte (vielleicht vergiftete!) Ratte. Hier hilft jederzeit der Griff über die Schnauze, wobei man die Lefzen nicht zu zaghaft gegen die Zähne drückt. Eine andere Methode: Kneifen Sie Ihren Hund kurz in die Kruppe (hinteres Rückenende), so daß er – mehr vor Schreck als vor Schmerz – seine Beute losläßt. Bald verknüpft er die Berührung am Hinterteil mit Ihrer Forderung, und Sie brauchen ihn dort nur noch leicht zu berühren: Schon läßt er die Beute fallen, um dem Kniff zu entgehen. Dies ist der einzige Fall, in dem leichter Schmerz als Erziehungsmittel eingesetzt werden sollte, sofern das Wort „Aus!" nicht reicht. Erfahrene Hundehalter greifen von unten in das Kiefergelenk. Dann muß der Hund auch Dinge loslassen, die er mit aller Kraft festhält.

Wichtig: Das bedingungslose Befolgen des Kommandos „Aus" kann den Hund vor einer tödlichen Vergiftung bewahren.

„Sitz!", „Platz" und vieles mehr
Die Kommandos „Sitz!" und „Platz!" (hinlegen) begreift Ihr gelehriger Schüler sehr schnell und vergißt sie

nie wieder. Sagen Sie einfach „Sitz!", wenn der Kleine sich von selbst setzt, „Platz!", wenn er sich einmal hinlegt – oder gehen Sie nach einem guten Erziehungsbuch vor (siehe Literaturhinweise auf Seite 92). Verzichten Sie stets auf Zwangsmaßnahmen, durch die Ihr Foxterrier höchstens stur und aufsässig wird. Der Foxterrier ist stets bereit zu neuen Taten. Die Kommandos „Nein!" (= nicht so, nicht hier, nicht jetzt) und „Pfui!" (= immer tabu; wird sehr scharf

„Sitz!"

gesprochen) lernt er nebenbei. Probieren Sie auch „Decke!" oder „Körbchen!" (er soll auf seinen Ruheplatz gehen), „Such!", „Spring!", „Geh raus!", „Ausgehen!", „Spielen!", „Genug!", „Stop!", „Links!" und „Rechts!" sowie andere Kommandos, die im Alltag sinnvoll sein können, aus.

Und hier noch einige nützliche Hinweise:

▬ Verbinden Sie jedes Kommando mit einem Handzeichen, zum Beispiel „Sitz!" = erhobener Zeigefinger, „Platz!" = sich senkende flache Hand.

▬ Führen Sie einen „Es gibt Leckerchen!"-Pfiff ein, falls der Hund beim Spaziergang einmal nicht auf Zuruf kommt (vorher üben!).

▬ Nennen Sie die Spielzeuge beim Namen, fordern Sie: „Bring den Ball!", „Such den Ring!"

▬ Lassen Sie Ihren Foxterrier aus vollem Lauf auf Händeklatschen oder auf den Pfiff einer Trillerpfeife abliegen – eine schwierige Übung, aber gut als Notbremse im Verkehr.

▬ Denken Sie daran: nicht nur im Garten üben!

▬ Vergessen Sie auch nicht, das Bellen mit „Ruhig!" zu beenden (zum Lernen: Schnauzengriff).

Man muß nicht „Lassie" heißen, um 100 Worte und Handzeichen zu verstehen. Ihr „Foxi" kann das auch! Je besser Sie sich mit Ihrem Hund verständigen können, desto mehr Freude werden Sie an ihm haben.

Leinenführigkeit

Ein etwas schwieriges Kapitel ist das Bei-Fuß-Gehen. Besonders ein hundeunerfahrener Foxterrierbesitzer bekommt hier so richtig den Eigensinn

▬ „Plaaatz!"

▬ „So ist's brav!"

dieses Hundes zu spüren. Er hat mehr Kraft, als man bei so einem kleinen Hund vermuten würde; ältere Menschen und Kinder sind meist überfordert.

Der Foxterrier wird zunächst immer wieder versuchen, sich gegen den Zwang von Halsband und Leine durchzusetzen. Locken Sie den Welpen mit heller Stimme und (wieder nur manchmal!) mit Milchdrops an Ihre linke Seite. Klappt es nicht, so verleiden Sie ihm das Bei-Fuß-Gehen nicht durch Schimpfen und Zerren; das bringt ihn nicht zur „Einsicht"! Zwingen Sie sich zur Besonnenheit! Stürmt der Hund zu weit vor, stoppen Sie ihn abrupt mit einem kurzen, festen Ruck an der Leine und „Nein!" Er ist schlau genug, bald den Platz des geringsten Widerstands an Ihrer linken Seite zu finden, wo er ausgiebig gelobt wird und sein Hals nicht

schmerzt. Zerrt er allzu stark an der Leine, läßt er Sie seine ganze Energie spüren, die er noch nicht durch Spielen, Herumtollen und Toben loswerden konnte. Trotzdem muß er konsequent an Ihrer Seite gehalten werden und sich unterordnen.

Haben Sie auch hier Geduld: Der Foxterrier kann, wenn er will! Zeigen Sie dem Kleinen immer wieder Ihre Überlegenheit. Wenn es bis zu seinem ersten Geburtstag nicht klappt, waren Sie zu nachgiebig. Geben Sie sich noch einmal richtig Mühe, die Leinenführigkeit zu erreichen, notfalls auf dem Hundeplatz.

Hilfsmittel

Wirkungsvoll ist ein Kopfhalfter („Halti", im Fachhandel erhältlich), mit dem Sie den Hund nach Art des Schnauzengriffs an Ihrer Seite halten können, ohne ihm Schmerzen zuzufügen. Verwenden Sie das Kopfhalfter auch, wenn Kinder oder Senioren den kleinen Muskelprotz ausführen und in Situationen geraten können, in denen der Hund nicht sicher gehorcht (Jagd auf Katzen, Begegnung mit rauflustigen Hunden usw.). Mit einem Halfter läßt er sich wesentlich leichter führen als am Halsband.

Eine Tierquälerei und daher nicht zu empfehlen ist die Verwendung eines

Unser Tip

Ist der Hund beim Üben zu unruhig, so lassen Sie ihn erst einmal auf einer Wiese an einer langen Leine ordentlich rennen. Dann wiederholen Sie die Übung: Lob, wenn Ihr Schüler brav an der linken Seite geht, ein kurzer Ruck bei einem Fehler.

Kinder sind mit konsequenter Leinenführigkeit – bei Fuß – oft überfordert

Riemensystems, das den Hund durch schneidenden Schmerz unter den Achseln am Voranstürmen hindert. Auch Stachel- und Würgehalsbänder haben in der modernen Hundeerziehung keinen Platz mehr: Damit quält man keinen Freund! Schmerz bewirkt nur eine Reaktion, aber keinen echten Lernerfolg!

Leine los – aber mit Vorsicht!
Bringen Sie Ihrem Foxterrier auch die Freifolge bei, die zum Beispiel im Hundesport verlangt wird. Trainieren Sie sie zunächst in Ihrem Garten oder auf irgendeinem umzäunten Gelände.

Wichtig: Auch wenn Ihr Foxterrier sich beim Üben auf sicherem Gelände sehr unterordnungsbereit zeigt und gut gehorcht: Lassen Sie ihn sicherheitshalber nie in Straßennähe frei laufen!

Den Gehorsam vergißt er leicht, wenn er eine Katze oder eine Jagdbeute sieht und der Trieb mit ihm durchgeht – oder auch wenn auf der anderen Straßenseite einmal ein Liebespartner läuft. Geben Sie acht, daß Ihr Foxterrier nicht eines der vielen vierbeinigen Verkehrsopfer wird. Wenn sich in Ihrer Nähe die Möglichkeit bietet, ihn zum verkehrssicheren

Begleithund auszubilden, sollten Sie dieses sinnvolle Angebot unbedingt nutzen. Bei der Begleithundausbildung wird wertvolle Erziehungsarbeit geleistet. Wichtig für den draufgängerischen Foxterrier ist, daß man ihn dazu bringt, Fahrzeugen aus dem Weg zu gehen! Näheres dazu können Sie beim DFV und bei den Hundesportverbänden erfahren (Adressen Seite 93).

Verträglichkeit mit anderen Tieren

Ein Foxterrier, der als Welpe den Umgang mit Tieren lernen durfte, bereitet meist keine Probleme. Mit dem Erzfeind Katze kann es allerdings trotzdem zu Konflikten kommen, und auch freilaufendes Geflügel ist nicht vor ihm sicher (Jagdtrieb).

Früh Freunde finden
Schon als Welpe mit freundlichen Hunden sozialisiert, wird der Foxterrier sich nicht zu einem Raufer entwickeln. Lassen Sie den Kleinen so bald wie möglich (also 14 Tage nach der Wiederholungsimpfung, wenn der Impfschutz vollständig wirksam ist) mit anderen Hunden spielen.

Wichtig: Sollte der Kleine Impfbeulen haben, die beim Kontakt mit anderen Hunden schmerzen können, warten Sie lieber, bis sie abgeklungen sind (ungefähr 4 Wochen nach der Impfung).

Hundewiesen und -treffpunkte gibt es in jeder Stadt. Fragen Sie andere Hundehalter danach. Der Foxterrier ist freundlich und gesellig. Unter seinen Artgenossen sucht er keinen Streit, sondern vor allem Spielkameraden. Er nimmt aber jede Herausforderung mu-

tig an. Als Bauhund, der sich Fuchs und Dachs stellen muß, wurden ihm in seiner Entwicklungsgeschichte Mut und Schärfe mit in die Wurfkiste (ins Erbgut) gelegt.

Oft wird der nicht wiedergutzumachende Fehler begangen, den Welpen auf den Arm zu nehmen, sobald sich ein fremder Hund nähert. Von dieser hohen Warte aus fühlt sich der Kleine dann sicher, kläfft kühn den Gegner an – der vielleicht ein Freund geworden wäre – und schreckt später selbst vor viel größeren Hunden nicht zurück. Wenn irgend möglich (Achtung: Jagdtrieb, Neugier ... Autos!), lassen Sie Ihren Welpen ohne Leine auf Artgenossen zugehen, damit er, ganz auf sich allein gestellt, Erfahrungen sammeln kann und sich nicht durch die Leine – den verlängerten Arm des Menschen – stärker fühlt, als er ist, und sich aggressiv aufführt.

Vielleicht geht Ihr Foxterrier bei Begegnungen mit Artgenossen mit eingesunkenem Körper oder liegend in die angeborene Stöberhaltung: „Da ist etwas! Soll ich da hin?" Verwechseln Sie diese Lauerstellung nicht mit Angst!

Bevor Sie Ihren Welpen auf die Spielgruppe fremder Hunde loslassen, sehen Sie sich diese Hunde einmal ohne Ihren Foxterrier gut an:

◆ Ist ein Raufer dabei?
◆ Sind alle Hunde instinktsicher? Unterwerfungsgesten beobachten!
◆ Geht es immer fröhlich und friedlich zu?

Leider gibt es immer wieder unberechenbare Hunde (genetische Defekte oder neurotisch durch schlechte Haltungsbedingungen usw.). Schlimme Erfahrungen (Bisse) prägen sich dem Foxterrier so stark ein, daß er bald den Angriff als beste Verteidigung wählen wird – verständlicherweise! Rüden mit starkem Sexualtrieb gehen bei einer Begegnung mit anderen Rüden keinem Rangordnungskampf aus dem Weg. Zu den „Mädchen" der Hundewelt sind sie dagegen stets zurückhaltend und freundlich, meist auch dann noch, wenn sie von einer Hündin unwillig angeknurrt oder weggebissen werden.

Sagt eine Foxterrierhündin einer anderen Hündin den Kampf an, geht es selten ohne Blutvergießen ab.

Sollte es mit Ihrem Foxterrier – aus welchen Gründen auch immer – zu erbitterten Kämpfen kommen, gehen Sie anderen Hunden nach Möglichkeit aus dem Weg, halten Ihren Draufgänger vor allem stets an der Leine und verständigen sich von weitem mit dem Besitzer eines herankommenden, freilaufenden Hundes. Der andere Hund hat ein Recht auf Unversehrtheit!

Wichtig: Machen Sie einen Bogen um nicht angeleinte, große Hunde, die Ihren Foxterrier übel zurichten können, wenn er es wagt, sie anzugreifen.

Verhält sich Ihr Foxterrier rüpelhaft, so gehen Sie mit ihm auf einen Hundeplatz, wo er lernen kann, sich Artgenossen gegenüber ordentlich zu benehmen und sich auch einmal unterzuordnen – falls man einen Raufer dort duldet. Wählen Sie einen Hundeplatz, auf dem Ihr Hund mit Einfühlungsvermögen statt mit Härte erzogen wird! Auch der gemeinsame Besuch einer Hundeschule hilft.

Im Heimtierrudel

Wenn Sie einen besonders tierfreundlichen Foxterrier suchen, sehen Sie sich nach einem Züchter um, der in einer ländlichen Gegend lebt. Ist der Foxterrier mit Katzen aufgewachsen, haben Sie eine gute Chance, daß er Katzen auch daheim als zu seinem „Rudel" gehörig ansieht und sie in Ruhe läßt, vielleicht sogar liebt. In einigen Foxterriern scheint aber der alte „Beruf" des Katzenwürgers so stark verankert zu sein, daß sie glauben, Katzen müßten getötet werden. Tiere, die bereits im Haus sind, wenn der Welpe zu Ihnen kommt, gehören von Anfang an zum Rudel – und Rudelmitgliedern tut man nichts zuleide. Schwieriger wird es, wenn zu Ihrem Foxterrier ein weiteres Haustier aufgenommen werden soll. Hamster, Meerschweinchen, Kaninchen und Vögel sind dann meist nur in ihrem Käfig sicher. Freilaufend bzw. freifliegend gelten sie in den Augen des Foxterriers als Jagdbeute. Auch mit dem niedlichsten Kätzchen tun Sie ihm dann keinen Gefallen. Es kann zu ewiger Feindschaft kommen, bestenfalls gehen die beiden sich stets aus dem Weg (Ausnahmen bestätigen die Regel). Foxterrier können bei Vernachlässigung zu Eifersucht neigen, übrigens auch bei menschlichem Familienzuwachs.

Zusammenleben mit einem Zweithund

In einigen Hundebüchern heißt es, Foxterrier seien mit anderen Hunden, auch derselben Rasse, schwer zu halten. Es gibt viele schöne Beispiele, daß dem nicht so ist! Wenn Sie Ihrem Foxterrier einen zweiten Hund zur Gesellschaft geben möchten, nehmen Sie am besten einen Welpen und lassen den Foxterrier die Entscheidung treffen, mit welchem Welpen des Wurfs er zusammenzuleben bereit ist. Ihr Foxterrier wird vermutlich ein wunderbarer Ziehvater bzw. eine liebevolle Ersatzmutter werden.

Wichtig: Mischen Sie sich später niemals in die Rangordnungsstreitigkeiten zwischen Ihren beiden Hunden ein!

Lassen Sie die Hunde unter sich ausmachen, wer den Chef spielt. Das erkennen Sie daran, wer zuerst fressen darf, wenn Sie nur einen Napf hinstellen: Der Rangniedrigere muß nehmen, was übrigbleibt. Behandeln Sie

die Hunde stets dieser Rangfolge gemäß. Der „Chef" ist immer zuerst an der Reihe! Hund Nr. 2 gönnen Sie ein paar Streicheleinheiten oder Leckerbissen extra, wenn Nr. 1 nicht zuschaut.

Läuft alles nach den Hundespielregeln ab, wird Ihr Foxterrier sich über einen Spielkameraden, mit dem er durch den Garten tollen kann, sicher sehr freuen. Übrigens sind Foxterrier oft so selbstbewußt, daß sie mühelos die Herrschaft über sehr viel größere Hunde erlangen. Hier kommt die psychische Überlegenheit (Dominanz) sehr gut zum Ausdruck, mit der auch Sie selbst den Rudelführer darstellen müssen.

Spiel, Sport und Freizeit

Spiele, wie „Foxi" sie mag

Die Spielzeit mit „seinem" Menschen ist für jeden Hund die schönste Zeit des Tages. Der temperamentvolle Foxterrier kann dann endlich seine überschüssigen Kräfte abreagieren. In der übrigen Zeit zur Ruhe verurteilt, steht er dauernd unter innerer Anspannung. Er braucht das Spielen und Toben als Ventil, denn er strotzt vor Unternehmungslust! Foxterrier schlafen tagsüber wenig, leiden bei Langeweile, werden vor lauter angestauter Energie leicht mürrisch und aufsässig, kläffen dann viel (ein berechtigter Ruf nach Aufmerksamkeit und Spielkameraden), nagen aus Protest oder als Ersatzbeschäftigung an Möbeln oder an ihren Pfoten oder beißen sich schlimmstenfalls das Fell aus, so wie sich ein Papagei aus Frust die Federn rupft.

Als Arbeitshund gezüchtet, braucht der Foxterrier eine Aufgabe, etwa als Wachhund mit eigenem Fensterplatz oder erhöhtem Liegeplatz im Garten, der sein Territorialverhalten fördert. „Paß auf!" oder „Wer ist da?" und dar-

aufhin dann wieder „Ruhig!" begreift der gelehrige Foxterrier schnell. Spiele, die seiner Veranlagung gerecht werden, gefallen dem Foxterrier deshalb am besten.

Ein Beispiel für veranlagungsgerechtes Spielen:

■■■ Ein fuchsfellbesetzter Dummy (teurer, aber haltbarer als ein Kanindummy), an den Sie ein langes Band geknotet haben, liegt im Garten vor Ihnen. Ihr Foxterrier hat in der Wohnung schon daran geschnuppert und ist von dem Fuchsfell fasziniert. Nun sitzt „Foxi" brav an Ihrer linken Seite. Die Beute „zuckt" in einiger Entfernung durch Ihren Ruck an dem Band, „Foxi" muß aber brav bei Ihnen bleiben (jagdliche Entsprechung: *Standruhe*).

■■■ Lassen Sie den Dummy am Band um sich herumwirbeln. Der *Jagdtrieb* zwingt „Foxi" loszurennen und zuzufassen.

■■■ Während er die Beute im Fang hält, lehren Sie ihn das *Apportieren* durch ruhiges Heranziehen. Gegen eine Belohnung überläßt er Sie Ihnen gern.

Der Dummy liegt wieder reglos da, wird dann plötzlich von Ihnen hochgerissen. „Foxis" Erbgedächtnis (Veranlagung, Instinkt) fühlt sich an eine „hochgemachte" (Jägersprache) Ente erinnert. Gespannt verharrt er – hoffentlich – an Ihrer linken Seite, bis er die immer wieder aufsteigende „Ente" packen darf. Da steht ihm die Jagdlust in den Augen – und sein *Beutetrieb* wird befriedigt.

Sie wickeln das Band fest um den Dummy und werfen ihn in einen Busch. Schon saust „Foxi" los! Während seine Nase im dichten Gebüsch *stöbert,* ist nur noch sein Hinterteil mit der aufgeregt schlagenden Rute zu sehen.

Ein andermal schlägt der Dummy am Band Haken wie ein Hase. Voller Begeisterung und außer Atem rennt „Foxi" der Beute nach, bis zur Erschöpfung. Hier geht es um *Lauffreude* und *Verfolgungstrieb.*

Eine weitere Variante: Binden Sie den Dummy mit dem Band an einen langen Stock (Reizangel). Aber seien Sie vorsichtig, denn bei allzu turbulentem Spiel besteht Verletzungsgefahr.

Endlich hat „Foxi" die Beute erwischt. Er *zerrt* an dem Band, doch Sie geben nicht nach und stärken so seine Muskeln und seine Beißkraft.

Am Ende des Spiels gehört die Beute Ihnen: „Aus!"

Zur Belohnung darf der Foxterrier einen Trockenfutterbrocken aus der Luft fangen, den Sie eine Weile über seinen Kopf halten (er *wartet geduldig* und ausdauernd wie vor einem Kaninchenbau!) und dann fallen lassen.

Weitere erprobte Spielideen finden Sie in der Übersicht auf Seite 71 f.

Nicht spielen sollten Hunde mit:
◆ leuchtenden Tennisbällen (giftgetränkt)
◆ Stofftieren (Glasaugen, Draht)
◆ Aststöckchen (splittern)
◆ Steinen (Zahnschäden)
◆ Joghurtbechern (Erstickungsgefahr)

Achtung: Beim turbulenten „Stöckchen"-Spiel kann sich der Stock in den Rachen bohren!

Mit Kindern spielt der Foxterrier besonders gern

Macht Spaß:
Spielen mit Kindern

Stets willkommene Spielkameraden sind befreundete Hunde und alle Kinder, die den Hund nicht ärgern oder übertrieben necken. Macht der Foxterrier schlechte Erfahrungen mit Kindern, kann es mit der Kinderfreundlichkeit schnell vorbei sein. An lustigen, wilden Fußballspielen und Sockenbombardements wird dieser robuste Hund großen Spaß haben, dabei außer Atem geraten und glücklich „lachen". Zieht er sich dann abgekämpft auf sein Lager zurück, müssen die Kinder ihm seine verdiente Ruhe gönnen, sonst weist er sie womöglich mit Drohschnappen zurecht.

Freude und Fitneß durch Sport

Leistungssport

Wegen seiner Sprungkraft, seiner Flexibilität und Intelligenz ist der Foxterrier für den Leistungssport hervorragend geeignet. Wenn Ihr Foxterrier einigermaßen gehorcht und nicht rauflustig ist, können Sie ihm auf dem Hundeplatz noch mehr Abwechslung verschaffen.

▬▬ Der **Breitensport (Turnierhundsport)** wird ihm wahrscheinlich wegen des absoluten Gehorsams nicht unbedingt gefallen, bietet aber gute Unterordnungsübungen.

▬▬ Auch **Agility** setzt Unterordnungsbereitschaft und konsequente Erziehung zum Gehorsam voraus, ohne die das schlaue Kerlchen etwa um einen Stofftunnel herumlaufen wird, statt hindurchzukriechen.

Wichtig: Gehen Sie nur zum freudigen Spielen auf den Hundeplatz oder um Ihren Foxterrier unter fachkundiger Anleitung auszubilden, jedoch nicht um ihn zu drillen (auf vielen Hundeplätzen herrscht immer noch ein rauher Ton!) oder um bei Turnieren unbedingt zu gewinnen. Nicht in erster Linie Sie, sondern vor allem Ihr Hund soll beim Sport Spaß haben!

Geben Sie acht, daß Ihr Foxterrier nicht zu einem geknechteten Hund wird, der lediglich aus Angst vor Strafe Unterordnungsbereitschaft zeigt – wie so viele „ausgebildete" Gebrauchshunde. Suchen Sie sich einen wirklich guten Hundeplatz, auf dem Sie kein unangenehmes Gefühl beschleicht.

Nicht zu empfehlen: Schutzdienst mit dem Foxterrier

Es gibt tatsächlich Foxterrier, die trotz ihrer geringen Körpergröße eine Schutzhundprüfung ablegen. An Mut und Schärfe fehlt es ihnen dabei nicht, aber: Foxterrier verfügen nicht über einen angeborenen Schutztrieb und wurden nicht dazu gezüchtet, sich Menschen gegenüber bissig zu verhalten! Dem menschenfreundlichen Foxterrier widerstrebt es, Menschen anzugreifen! Deshalb kann man ihm nur über den Beutetrieb das Beißen in den Hetzärmel beibringen

– was allerdings wenig nützt, weil einem menschlichen Angreifer im Ernstfall das Wichtigste fehlt: das Hetzärmel-„Spielzeug". Wird der Foxterrier durch Stockschläge zum Angriff gezwungen, bekommt er einen seelischen Knacks. Deshalb ist er für den Schutzdienst ungeeignet. Beim antrainierten Beißen hört der Spaß ohnehin auf!
Neben dem Schutzdienst besteht eine Schutzhundausbildung aus den Sparten „Unterordnung" und „Fährtenarbeit". Die Unterordnung schadet dem Foxterrier nicht. Am liebsten wird er aber wohl eifrig auf Fährtensuche gehen.
Auskünfte in allen Hundesportfragen erteilen die Hundesportverbände (Adressen auf Seite 93).
Ausführlichere Informationen zu einer ganzen Reihe von Hundesportarten finden Sie in meinem FALKEN Ratgeber „Agility und andere Hundesportarten".

Rassegerechte Spiele	
Veranlagung	*Spielentsprechung*
Verfolgen, Stellen	bißfestes Hundespielzeug oder Dummy am Band/an der Reizangel
	Ball
	„Kong"
	Hundebeißring, am Wäschegummi aufgehängt, Schwung geben
	Zeitung, ziehharmonikaartig gefaltet, huschen lassen
	Luftballons (Vorsicht: Fetzen dürfen nicht verschluckt werden)
Laufen, weite Strecken	den Hund fröhlich durch den Garten jagen
	Jogging
	neben dem Fahrrad traben
	(möglichst nicht galoppieren!)
	Reitbegleitung
	Skilanglauf
Fährtensuche, Sichtjagd, Stöbern	Leckerbissenspur
	Personensuche, auch im Freien
	(nur bei guter Bindung)
Suchen, Buddeln	Hundekuchen in zugeklebtem Pappkarton
	Spielzeug unterm Pullover, in altem Stiefel
	„schreiendes" Quietschspielzeug unter Decke oder Kissen
	Spielzeug, Leckerchen oder Personen im Haus suchen
	Sandplatz im Garten (herrlich mit verbuddeltem
Zerren, Totschütteln	erst ab dem 2. Lebensjahr (Zahnstellung!):
	Handtuch
	Jeanshosenbein
	Lammfell-Lenkradbezug

Rassegerechte Spiele

Veranlagung	Spielentsprechung
	mit alten Socken gefüllter Strumpf
	dickes Naturfasertau
	Jutesack
	Fahrradreifen (ohne eingefahrenes Glas, Nägel etc.!)
Apportieren	kein „Stöckchen" aus Holz – große Verletzungsgefahr!
	Dummy, mit Fell oder Federn besetzt
	springender Moosgummiball (kein giftgetränkter Tennisball!)
	hölzerne Hantel
	Quietschspielzeug
	weiches Spielzeug sitzend aus der Luft fangen (Foxterrier können gebannt warten!)
	zum Üben: Beute am Band, die der Hund festhält, vorsichtig heranziehen und gegen Belohnung abgeben lassen, sitzend
	kein Zwangsapport!
Wasserarbeit	in sauberen Gewässern:
	schwimmfähiges Spielzeug, schwimmfähigen Dummy bringen lassen (zunächst am Band, damit das gute Stück nicht wegtreibt)
	Planschbecken oder ausgediente Kofferraumwanne im Garten
	den Hund freudig in den Strahl des Gartenschlauches beißen lassen
	Gartendusche
Bewachen (der Jagdausrüstung)	Fensterplatz (Belohnung bei berechtigtem Bellen, z. B. Briefträger)
	erhöhter Wachplatz im Garten

Immer ein Erlebnis: die Spaziergänge

Beim Spazierengehen mit der Familie ist der lebhafte Foxterrier neugierig, quirlig und auf langen Strecken ausdauernd. Sicher haben Sie längst gemerkt, was für ein Energiebündel Sie mit diesem Hund an der Leine haben. Planen Sie also täglich mindestens 2 Stunden für ausgedehnte Spaziergänge ein, wenn Ihr Foxterrier nicht verkümmern und aus Langeweile auf dumme Gedanken kommen soll. Können Sie ihm keinen Garten zum Austoben bieten, rechnen Sie lieber mit 3 Stunden und mehr.

Wichtig: Die Ausgehzeiten müssen so gelegt werden, daß seit dem Fressen mindestens 1 Stunde vergangen ist.

Den ersten Spaziergang mit Ihrem Welpen machen Sie frühestens 14 Tage nach der Wiederholungsimpfung. Erst dann ist der Impfschutz wirksam. Man weiß ja nie, ob die Artgenossen, die man trifft, alle gesund und geimpft sind, und Krankheitskeime befinden sich überall auf dem Weg! Wenn Sie merken, daß der Welpe sich in einer sensiblen Entwicklungsphase befindet, achten Sie bitte besonders darauf, daß er unterwegs keine schlechten Erfahrungen macht (Verkehrslärm, Knall, Bisse durch Artgenossen).

Der junge Foxterrier braucht viel Bewegung und bestimmt mit seiner Fitneß, seinem Temperament und seiner Ausdauer die Länge der Spaziergänge. Übertreiben Sie bitte nicht, sonst besteht die Gefahr, daß sich der Körperbau durch zu lange Beanspruchung nicht harmonisch entwickelt. Denken Sie daran, daß immer Sie als „Rudelführer" die Wegrichtung bestimmen, nicht Ihr Hund!

In der Stadt: viel Abwechslung, bitte!

Können Sie Ihren Foxterrier nur in der Stadt ausführen, wählen Sie ständig wechselnde Routen, damit Ihr neugieriger Hund an allen Bäumen der Stadt „Zeitung lesen" und „wichtige Annoncen aufgeben" kann. Sorgen Sie bitte dafür, daß der naturliebende Foxterrier täglich wenigstens eine grüne Parkfläche unter die Pfoten bekommt, wo er Artgenossen trifft. Ihr junger Hund muß auf den eigenen Pfoten (nicht auf Ihrem Arm!) die Gesten und Verhaltensregeln seiner Artgenossen lernen, um nicht zum Angeber, Kraftprotz oder Außenseiter zu werden.

Der Hund soll beim Spaziergang nicht an fremdem Kot schnuppern oder gar lecken. Er könnte sonst Würmer und Krankheitserreger aufnehmen.

Wichtig: Binden Sie Ihren vierbeinigen Freund niemals vor einem Geschäft an. Hundediebe warten schon (Versuchslabor)!

In Wald und Feld in seinem Element

Am wohlsten fühlt sich der Foxterrier, wie seine Vorfahren, im Wald. Gönnen Sie ihm daher Waldspaziergänge so oft wie möglich!

Wichtig: Wenn Ihr Foxterrier nicht ausgebildet wurde („hasenrein" usw.), gehört er auf Waldwegen unbedingt an die Leine, damit er nicht wildert oder womöglich von einem Jäger erschossen wird. Auch Foxterrier aus Schönheitszuchten, ohne speziell geförderte jagdliche Anlagen, besitzen eine gehörige Portion Jagdtrieb!

Glücklich ist der Foxterrier auch, wenn er – möglichst an langer Leine – durch Felder, Wiesen und hohes Gras (Achtung: oft viele Flöhe und Zecken) streifen kann. Er ist eben ein Naturbursche, der sich täglich austoben muß. Selten wird er auf Zuruf zu-

rückkommen, wenn er im Feld auf „Meister Lampe" trifft, der zumindest in die Flucht geschlagen werden muß, aus lauter Freude und Spieltrieb. Wenn zwei Foxterrier das dann auch noch gemeinsam tun, ist es beeindruckend, wie sie sich durch Blicke verständigen, zumal sie ganz genau wissen, daß sie etwas Verbotenes unternehmen.

Möchten Sie, daß Ihr Foxterrier Sie beim Ausritt durch Feld und Wald begleitet, dann gewöhnen Sie bereits den Welpen an Pferde. Entscheidend ist, daß er Ihnen unter allen Umständen gehorcht und nicht – ohne Leine! – eine fröhliche Jagd auf Kleinwild vorzieht. Einige Hundeschulen bilden Reitbegleithunde aus. Vor allem muß der Hund lernen, den Pferdehufen auszuweichen. Sie können Ihren Foxterrier auch auf dem Pferd mitführen, wie früher bei Parforcejagden üblich.

Die Körperpflege

Fellpflege ist wichtig

Um das Haar zu säubern, den Stoffwechsel anzuregen und dem munteren Foxterrier auf diese Weise die Gesundheit zu erhalten, sollte man das tägliche Bürsten nicht vernachlässigen. Bei dieser Gelegenheit entdecken Sie auch sofort Flöhe und Zecken, so daß es zu keinem Massenbefall kommt. Gewöhnen Sie den Welpen mit gutem Zureden und ein paar Leckerchen an die Pflegeprozedur, zunächst nur stehend oder sitzend auf dem Boden oder auf einem Stuhl. Er muß die Pflege als angenehm empfinden, ohne jeden Zwang.

Den **Glatthaar-Foxterrier** bürsten Sie mit einer festen Naturborstenbürste zuerst gegen den Strich. Lose, feine Unterwolle wird ausgekämmt. Zum Schluß sorgt ein feuchtes Fensterleder für schönen Fellglanz. Im Sommer haart der glatthaarige Foxterrier stark, im Winter meist etwas weniger. Glatthaarige Foxterrier werden leider oft in Zwingern gehalten, wenn die Haarmengen der Hausfrau allzu viel Arbeit machen.

Für den **Drahthaar-Foxterrier** benötigen Sie eine feste Naturborstenbürste und einen mittelweiten Stahlkamm. Achten Sie darauf, daß Sie nicht an Filzknoten reißen (das tut dem Hund weh) und daß die Haut nicht verletzt wird. Verfilzungen werden mit den Fingern gelöst und ausgekämmt, niemals einfach herausgeschnitten! Höchstens bei Filz zwischen den empfindlichen Pfotenballen greifen Sie zu einer abgerundeten Bastelschere. Bei einem Drahthaar-Foxterrier mit guter Haarveranlagung (hartes Deckhaar, reichlich Unterwolle) genügt ein- bis zweimaliges Kämmen pro Woche, obwohl das tägliche Durcharbeiten des Fells natürlich der Gesundheit zuliebe vorzuziehen ist. Seien Sie beim Kämmen vorsichtig: Die Unterwolle darf nicht ausgerissen werden, sonst geht der Wetterschutz gegen Hitze, Kälte und Nässe verloren! Drahthaar-Foxterrier mit weichem Haar und wenig Unterwolle dürfen nur gebürstet werden. Würde man sie kämmen, könnten sie nach dem nächsten Trimmen nackt, also ohne Unterwolle, dastehen. Bei guter Pflege haart der Drahthaar-Foxterrier kaum.

Das Bart- und Beinhaar muß vorsichtig und schonend behandelt werden, es hat eine andere Struktur. An Bart und Beinen wünscht sich der Foxterrierfreund die Behaarung füllig, aber nicht zu üppig. Niemals fest reißen!

Noch zwei wichtige Hinweise:

◆ Nasses Fell sollte möglichst nicht gebürstet oder gekämmt werden.

◆ Kletten lassen sich aus nassem Fell leichter entfernen als aus trockenem.

Sobald der Foxterrier sich in die Pflegeprozedur fügt, üben Sie die Pflege auch auf einem kleinen Tisch mit einer Gummimatte. So lernt bereits der Welpe, sich auf dem Tisch ruhig zu verhalten. Später wird Ihnen der Trimmer oder die Trimmerin für dieses Training dankbar sein.

Das Schönste am Bad: der Trockenrubbelspaß

Kontrollieren Sie beim liegenden Hund mindestens einmal pro Woche, ob sich am Bauch Flohkot befindet – eine von Flöhen bevorzugte Stelle, da wenig behaart. Bürsten Sie gründlich den Bauch und die Innenseiten der Läufe. Entfernen Sie eventuell vorhandenen Achselhöhlenfilz.

Baden – aber nicht zu oft

Durch regelmäßiges Bürsten wird das Fell gut gesäubert. Daher wird es nur selten nötig sein, den Foxterrier zu baden. Je öfter man ihn badet, desto schneller riecht er wieder „nach Hund", weil die Talgdrüsen zu immer stärkerer Produktion angeregt werden, so daß man den Hund wiederum immer öfter in die Wanne setzen wird. Das ist ungesund! Beim Baden geht der natürliche Wetterschutz des Fells verloren, der sich nur langsam wieder aufbaut, etwa innerhalb von 14 Tagen. Deshalb sollten Hunde vor allem im Winter nicht gebadet werden.

Weil der Hund durch zu häufiges Baden immer wieder seinen Eigengeruch verliert, kann es vorkommen, daß er in der Wohnung Duftmarken setzt, damit sein Revier wieder seinen speziellen Geruch annimmt.

Haarige Zeiten: Fellwechsel und Trimmen

Beginnt der Foxterrier zur Zeit des Fellwechsels im Frühjahr und Herbst (etwa ab Februar bzw. ab August) zu haaren, kämmen und bürsten Sie ihn mindestens jeden zweiten Tag. Massieren Sie den ganzen Hundekörper kräftig mit einer Gumminoppenbürste oder einfach mit Gummihandschuhen. Die abgestorbenen Haare jucken stark und müssen *zweimal im Jahr* heraus. Beim Drahthaar-Foxterrier kann mit einem Fellentfilzungskamm schon sehr viel loses Haar ausgekämmt werden. Unbedingt mit einer Borstenbürste nachstriegeln, damit alle juckenden Haare entfernt werden!

Das Haar des Glatthaar-Foxterriers wechselt von selbst. Für ein hübsche-

res Aussehen werden mit Trimmesser und Schere lediglich längere Haare am Hals, an den Ohren, den Läufen und der Rute gekürzt, besonders vor einer Ausstellung (von einem Kenner zeigen lassen!). Die Halsunterseite wird üblicherweise geschoren.

Beim Drahthaar-Foxterrier bedeutet der Haarwechsel einigen Arbeitsaufwand, denn der Hund muß getrimmt werden.

Wichtig: Der Drahthaar-Foxterrier darf niemals geschoren werden, sonst sieht er bald einheitlich grau aus und wirkt schmutzig. Von den schönen leuchtenden Farben ist dann nichts mehr zu sehen, weil Unterwolle und Deckhaar in gleicher Länge durcheinander gewachsen sind. Auch die Haarstruktur leidet durch Scheren: Das Haar wird weich, wollig und lockig, seine Wetterfestigkeit geht

Unser Tip

Wenn der Hund stark verschmutzt ist, stecken Sie angefeuchtete Watte in einen breitzinkigen Kamm (Teppichfransen- oder Strähnchenkamm). Der Schmutz bleibt beim Kämmen darin hängen und macht manches Shampoobad überflüssig.

■ *Hier geschoren*…

■ *… und hier getrimmt –*
welch ein Unterschied!

verloren. Manch ein Drahthaar-Fox-terrier muß, derart verunstaltet, im Pudel-Look auf die Straße. Dabei könnte er so schön aussehen! Bei einem geschorenen Foxterrier dauert es gut 1 Jahr, bis das Haar durch korrektes Trimmen wieder in Ordnung ist.

Denken Sie unbedingt an die Besonderheit des Trimmens, bevor Sie einen Drahthaar-Foxterrier kaufen!

Was heißt fachgerechtes Trimmen?
Beim Trimmen ist das gesamte tote Haar auszuzupfen. Nur die Unterwolle bleibt erhalten – mehr oder weniger dicht, je nach Veranlagung. Viele Menschen halten das Trimmen für Tierquälerei; doch man beschleunigt damit nur den natürlichen Haarausfall und tut dem Hund nicht weh, wenn

das Haar reif (tot) ist. Erkennen läßt sich abgestorbenes Haar daran, daß am Ansatz die Farbpigmente fehlen, das Haar also weiß und sehr dünn nachwächst. Das kann man am besten an den schwarzen Haaren feststellen.

Der richtige Zeitpunkt für das Trimmen kommt im März und September, wenn das Haar bis zu 10 cm lang geworden ist und der Foxterrier eher einem Teddybären gleicht als dem schneidigen Hund, der er doch ist. Der Junghund wird im Alter von 6 bis 7 Monaten zum ersten Mal getrimmt. Je nach Wurftag wird das nicht genau im März bzw. September sein. Deshalb sollte man das Trimmen künftig etwas vorziehen (wenn das Haar schon reif ist) oder hinauszögern, um sich dem März- und Septembertermin zu nähern.

Mindestens 3 Stunden Dauerzupfen mögen manchen Foxterrierbesitzer abschrecken. Mit etwas Geschick kann man aber viel Geld sparen, wenn man seinen „Wuschel" selbst trimmt. Hundesalons und private Hundefriseure (meist Pudelscherer) beherrschen oft die Rassekennzeichen nicht, um die Schönheit des Foxterriers wieder voll zur Geltung zu bringen.

Wichtig: Achten Sie streng darauf, daß der Hundefriseur nur ganz selten zur Schere und höchstens an der Brust zur Schermaschine greift!

Trimmesser für Deckhaar. Kaufen Sie kein Trimmesser für Unterwolle! Damit der Daumen beim Trimmen nicht schmerzt und das Haar besser gegriffen werden kann: Daumen-Trimmschutz

Von den Verbandsgruppen des Deutschen Foxterrier-Verbandes werden Trimmkurse angeboten. Dort nennt man Ihnen auch Adressen von Trimmstationen mit fachkundigem Personal. Zahlreiche Foxterrierzüchter führen das Trimmen in der rassetypischen Form ebenfalls durch. Fragen Sie gleich beim Welpenkauf danach.

Als Faustregel gilt: Kein Haar wird abgeschnitten – mit ganz wenigen Ausnahmen. Deshalb kommt es entscheidend darauf an, daß das Trimmesser richtig gewählt wird und keinesfalls schneidet. Das Ergebnis wäre sonst dasselbe wie beim Scheren: schmutziggraues Fell und juckendes Haar, weil die toten Haarreste des Deckhaars in der Haut bleiben. Besser als jedes Trimmesser ist ein stumpfer Messerrücken, der abgesägte Aluminiumgriff eines Pfannenwenders oder auch eine kleine Bastelschere. Man klemmt das Haar in Büscheln zwischen Daumen, Metallkante und Zeigefinger und zieht es aus. Benutzen Sie solch ein Hilfsmittel aber nur bei Partien, an denen das Haar noch verhältnismäßig fest in der Haut sitzt. Sonst reicht es völlig aus, das lose Haar mit den Fingern auszuzupfen. Im Handel gibt es einen mit Gumminoppen versehenen Daumen-

Trimmschutz, der sich als hilfreich bewährt hat. Auch mit Fingerlingen aus Gummi (Apotheke) lassen sich die Haare besser fassen.

Beim Hundefriseur muß der Foxterrier während des Trimmens an einem „Galgen" stehen, mit dem Kopf in einer Schlinge und dem Bauch in einer Haltevorrichtung. Dies wird ihm zwar wenig gefallen, dient aber seiner Sicherheit und mindert bei einem unruhigen Hund die Verletzungsgefahr, etwa beim Schneiden des Pfotenhaares. Ist Ihr Foxterrier nicht an einen Pflegetisch gewöhnt und will er sich die Prozedur nicht gefallen lassen, wird er vielleicht einen Maulkorb tragen müssen. Führen Sie das Trimmen daheim selbst durch, dann

▪ stellen, setzen oder legen Sie Ihren Foxterrier auf den Pflegetisch, den er kennt und auf dem er ruhig bleibt. Der Pflegetisch sollte in einem Raum stehen, in dem Sie die vielen ausgetrimmten Haare nicht mühsam von einem Teppich entfernen müssen.

▪ verwöhnen Sie Ihren Foxterrier mit einer besonderen Leckerei, zum Beispiel einem Ochsenziemer, an dem er längere Zeit zu knabbern hat; damit wird er gelassen alles erdulden.

▪ bestehen Sie nicht darauf, eine Stelle zu Ende zu trimmen, wenn Ihr Foxterrier es sich in einer anderen Lage bequem machen möchte – Sie können ruhig zunächst an einer anderen Stelle weiterzupfen.

▪ legen Sie alle 45 Minuten eine Spiel- und Tobepause ein, auch zur Schonung Ihres Rückens und damit Sie etwas Fingergymnastik machen können.

Das Trimmen – Schritt für Schritt

▪ **Kopf und Hals:** den *Bart* nach vorn kämmen, die längsten Haare

▪ *Wenn Sie Ihren Foxterrier selbst trimmen, brauchen Sie solch einen Trimmgalgen nicht*

Wuschel muß auch noch zum Hundefriseur. Danach sieht er so schlank aus wie sein Freund.

sehr vorsichtig auszuzupfen, damit der Fang schmal wirkt. Zum Begradigen dürfen Sie ausnahmsweise eine Schere benutzen. Aber passen Sie auf, daß kein Spitzmausgesicht dabei herauskommt!

Nun den Oberkopf sehr kurz abtrimmen. Vorsicht: Direkt vor den Ohrmuscheln ist der Hund schmerzempfindlich! Von den äußeren Augenwinkeln in einer gedachten Linie zu den Mundwinkeln etwas Haar als Übergang zum Bart stehenlassen. Die *Augenbrauen* werden nur wenig gezupft. Die Rückseite der *Ohren* mit spitzen Fingern vorsichtig sehr kurz abtrimmen. Die Haare auf der Innenseite der Ohren eventuell leicht mit der Schere kürzen, Zupfen kann hier sehr weh tun. An *Backen* und *Halsunterseite* sitzt das Haar meist ziem-

lich fest in der Haut. Deshalb dort vorsichtig zupfen und auf Schmerzäußerungen des Hundes achten. Lassen Sie sich auch an diesen Stellen nicht zum Scheren oder Schneiden verleiten, nur weil es bequemer ist. Wenn nötig, nehmen Sie hier Haar für Haar zwischen die Finger.

Die **Schulterpartie:** Zupfen Sie bis hinunter zum Ellbogengelenk (oberes Vorderbeingelenk). Achten Sie darauf, daß ein fließender Übergang zum etwas üppigeren Beinhaar entsteht (andere Haarstruktur). Es soll kein abrupter Absatz zu sehen sein!

Rücken und Körper: Trimmen Sie den Rücken und die Seiten ab. Schaffen Sie dabei einen Übergang zum längeren Bauchhaar: Denken Sie sich eine waagerechte Linie in Höhe des Ellbogengelenks.

Falls Ihr Foxterrier aufrechte Ohren hat, trimmen Sie den Oberkopf nicht ganz so kurz. Lassen Sie vor den Ohren etwas Haar stehen, damit sie nicht so groß wirken.

■■■ Die **Hinterläufe:** von ihrer Vorderseite (am Ansatz zum Bauch) schräg nach unten bis zum Sprunggelenk abtrimmen, das krause Schenkelhaar etwas angleichen. Die Außenseite der Hinterläufe soll nach hinten mehr ausgedünnt werden als nach vorn, auch hier fließend angeglichen.

███ *Trimmschema*

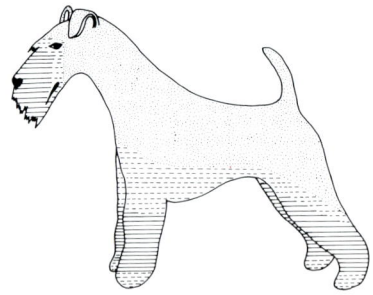

☐ *sehr kurz,*
bis auf die Unterwolle abtrimmen

☐ *Übergänge,*
etwas langes Haar stehenlassen

☐ *nur die längsten Haare ausrupfen,*
langes Deckhaar bleibt stehen

■■■ Die **Rute:** vorsichtig zupfen, nicht zu kahl und möglichst gleichmäßig stark.

■■■ **Empfindliche Stellen am Bauch und um den After:** Hier dürfen Sie die Haare mit der Schere kürzen, das Zupfen kann dem Hund hier starke Schmerzen bereiten.

■■■ **Brust:** mit fließenden seitlichen Übergängen vorsichtig abtrimmen. Da dies nicht immer schmerzfrei möglich ist, scheren manche Profis die Brust kahl bis auf die rosa Haut (nicht unbedingt empfehlenswert). Zupfen Sie auch hier notfalls wieder Haar für Haar.

■■■ An den **Vorderläufen** kämmen Sie das Haar auf und ziehen nur die längsten Haare sehr vorsichtig aus. Die Beine sollen wie Säulen wirken: gerade, aber nicht mehr so füllig, wie es früher üblich war.

■■■ Die **Pfoten:** Kämmen Sie das Pfotenhaar herunter, schneiden Sie es mit der Schere um die Pfoten rund, so daß kleine „Katzenpfoten" entstehen und die Krallen gerade eben zu sehen sind. Falls nötig, kürzen Sie die *Krallen* mit einer Krallenzange.

Beim Hundefriseur werden abschließend alle Übergänge mit einer Effilierschere (sie dünnt das Haar aus) nochmals vorsichtig angeglichen.

Darauf verzichten Sie besser, sonst kann das Haar dort später weich oder sogar lockig werden.

Die Reihenfolge können Sie selbstverständlich variieren. In der Praxis hat es sich bewährt, zunächst nacheinander beide Körperseiten abzutrimmen. Dabei bleibt auf dem Rücken ein „Kamm" stehen, in den man greifen kann. Wenn Sie es nicht schaffen, Ihren Foxterrier an einem Tag fertig zu trimmen, sieht der Kopf nun immer noch gut aus und kann am nächsten Tag weiter bearbeitet werden. Das ist besser, als mit einem halb kahlen Hund auf die Straße zu müssen.

Ab etwa 4 Wochen nach dem Trimmen wird Ihrem Foxterrier eine Massage mit einem Terrierstriegel (Stahlborsten) besonders gut gefallen.

Etwa 5 bis 8 Wochen nach dem Trimmen (je nach Wuchs und Haarbeschaffenheit) sollten Sie das inzwischen nachgewachsene Flusenhaar durch kurzes Nachtrimmen entfernen.

Du hast mit dem Trimmen noch Zeit, Junior

Der „rolling coat" („rollendes Fell")

Bei dieser Form des Trimmens wird das Haar nicht so lang (vorteilhaft im Sommer), und der Foxterrier sieht immer elegant aus. Hier wird immer im selben, relativ kurzen Abstand von 8 bis 10 Wochen nachgetrimmt. Indem überstehende, lockere Haare ausgezupft werden, wächst ständig eine neue Schicht festes Haar von intensiver Farbe nach. Nachteil dieser Methode: Der Foxterrier haart ganzjährig etwas stärker und sollte deshalb öfter eine wohltuende Massage mit dem Gummihandschuh bekommen.

Ein „rolling coat" entwickelt sich nicht bei jedem Drahthaar-Foxterrier. Es kommt auf die Haarveranlagung und das Trimmgeschick an. Wenn das Haar beim Versuch, es nach kurzer Zeit zu zupfen, noch allzu fest in der Haut sitzt und der Hund zeigt, daß er Schmerzen hat, verzichten Sie darauf! Für den Foxterrier als Familienhund soll diese Kurzbeschreibung genügen. Das Trimmen ist gar nicht so schwierig, und Übung macht den Meister.

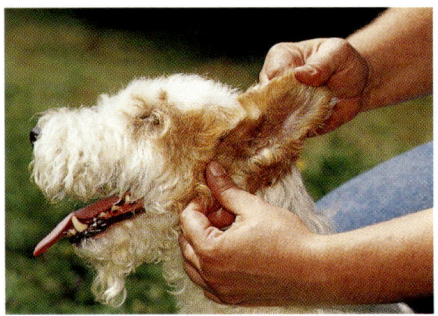

Ohrkontrolle

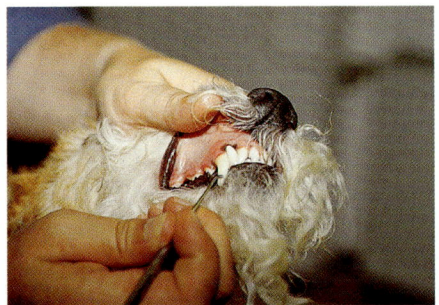

Zahnstein muß vom Tierarzt entfernt werden, wenn Sie die Zähne vernachlässigen

Weitere Pflegemaßnahmen

Ohren-, Zahn- und Augenpflege

Säubern Sie die **Ohren** mit Feingefühl (Wattestäbchen nicht tief einführen!), überprüfen Sie sie auf Fremdkörper. Wenn die **Zähne** gelbe Beläge aufweisen, putzen Sie sie mit Hundezahnpasta vom Tierarzt.

Wichtig: Mit Zahnsteinentferner-Werkzeug dürfen Sie die Zähne nur sehr vorsichtig sauberkratzen, um das Zahnfleisch nicht zu verletzen.

Die **Augen** werden ebenfalls immer wieder gründlich kontrolliert. Die Bindehäute sind beim gesunden Hund hellrosa. Gewöhnen Sie sich an, das Sekret täglich vor dem Anleinen zum ersten Morgenspaziergang zu entfernen; dann wird es nicht vergessen.

Selten nötig: Krallen schneiden

Bekommt Ihr Foxterrier genügend Auslauf, nutzen sich die harten Terrierkrallen von selbst so weit ab, daß sie nicht geschnitten werden müssen. Wachsen sie doch einmal zu lang, lassen Sie sich das Schneiden mit einer Spezialzange vom Tierarzt zeigen. Später können Sie es dann selbst machen. Besser wäre jedoch, Ihrem Foxterrier mehr Auslauf zu verschaffen, zwei bis drei Stunden täglich. Falls er noch Daumen- oder Wolfskrallen hat, die den Boden nicht berühren und sich deshalb nicht ablaufen können, kommen Sie um das Kürzen der Krallen nicht herum; sie können sonst in die Haut einwachsen. Meist läßt der Züchter diese Krallen, falls sie überhaupt vorhanden sind, schon beim Welpen amputieren.

Das Thema Gesundheit

So bleibt Ihr Foxterrier gesund

Der Foxterrier gilt als vital und im Vergleich zu anderen Hunderassen als sehr robust. Tierarztbesuche sind selten. Foxterrier können sehr alt werden und büßen dabei wenig von ihrer Fitneß ein.

Unerläßlich: Schutzimpfungen

Einmal im Jahr muß der Hund gegen die schlimmsten Krankheiten (Staupe, Hepatitis, Parvovirose, Leptospirose, Tollwut = SHPL+T) geimpft werden. Die erste Impfung erhält der Welpe mit 8 bis 9 Wochen beim Züchter, sie wird in den Impfpaß eingetragen. Haben Sie beim Kauf des Welpen keinen Impfpaß erhalten, wurde der Hund nicht geimpft, und Sie müssen das schnellstens nachholen. Im Alter von 12 bis 14 Wochen folgt eine weitere Impfung, damit die erste nicht vergeblich war. Auf eine Tollwutimpfung sollte kein Hundebesitzer aus Sparsamkeit verzichten, vor allem nicht, wenn er oft mit dem Hund in den Wald geht.

Ein guter Tierarzt wird dem Welpen nicht mehr als die genannten fünf Impfstoffe auf einmal zumuten. Falls eine weitere Impfung notwendig ist, etwa bei Zwingerhusten in Ihrer Umgebung, wird später nachgeimpft. Ab nun ist die Impfung alle 12 Monate aufzufrischen, je nach Impfstoff sogar öfter (Tierarzt fragen!). 14 Tage vor der jährlichen Impfung sollte der Hund entwurmt werden, damit die Impfung optimal wirkt.

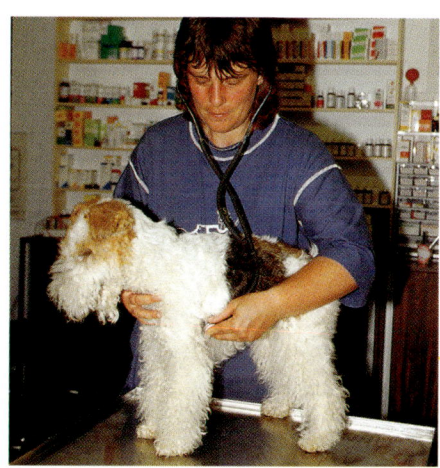

Lassen Sie Ihren Hund anläßlich der jährlichen Impfung gründlich untersuchen

Notieren Sie die Termine für Wurmkur und Impfung rot unterstrichen in
Ihrem Vormerkkalender!

Wichtig: Lassen Sie auf jeden Fall die
gesamte fünffache Impfung jährlich
wiederholen, auch wenn teilweise
zweijährige Intervalle – eventuell! –
ausreichen würden.

Bevor Sie mit Ihrem Hund ins Aus-
land fahren, fragen Sie rechtzeitig bei
Ihrem Tierarzt nach den Impfbestim-
mungen des Gastlandes, damit Ihnen
an der Grenze die Einreise mit Hund
nicht verwehrt wird.

Nicht mit jeder Schramme zum Doktor

Eignen Sie sich unbedingt einige
Kenntnisse in der Wundversorgung
an (Wunden desinfizieren, Pfotenver-
band anlegen), sobald Ihr Foxterrier
zum ersten Mal mit Raufwunden zum
Tierarzt muß. Tierärztliche
Behandlungen können teuer sein und
sind nicht wegen jedes eingetretenen
Splitters notwendig. Stellen Sie
außerdem eine Notfallapotheke für
Ihren Hund zusammen – siehe
Checkliste auf Seite 89.

Ernste Erkrankungen

Es gibt eine Vielzahl von Unpäßlich-
keiten und Krankheiten, die hier
nicht alle aufgeführt werden können.
Es gibt darüber gute Fachliteratur, die
in keinem Hundehaushalt fehlen
sollte. Gehen Sie lieber einmal zu oft
zum Tierarzt als einmal zu wenig!
Ist Ihr Foxterrier krank, verhätscheln
Sie ihn möglichst nicht. Die ständige
Fürsorge gefällt ihm sehr, er wird dadurch leicht wehleidig. Foxterrier
sind gute Schauspieler und können
auch ohne verletzte Pfote humpeln.
Nachfolgend werden einige häufige
Krankheitsbilder erläutert:

▬ Von *Fieber* spricht man bei
einem Hund bei über 39 °C (bei Welpen etwas darüber). Wenn Ihr Hund
nicht so munter ist wie sonst, messen
Sie vorsichtshalber die Temperatur im
After. Schnell kann er eine lebensbe-
drohliche Temperatur von über 41°C
haben, auch ohne heiße Nase!

▬ Recht häufig kann es zu *Ohren-
zwang* und Fremdkörpern oder *Milben in den Ohren* kommen. Wenn
sich der Hund ständig am Ohr kratzt,
gehört er in tierärztliche Behandlung.
Hantieren Sie bitte nicht selbst mit
Wattestäbchen im Ohr herum!

▬ Foxterrier können zu *Harn-
steinen* neigen, besonders im Alter.

Wichtig: Lassen Sie vorsorglich bereits beim jungen Hund jährlich eine Urinprobe untersuchen.

Vielleicht braucht Ihr Foxterrier eine besondere Nierendiät, als Fertigfutter oder selbst zubereitet, mit erhöhtem Reisanteil und wenig hochwertigem Eiweiß (Geflügel, Fisch).

▬ In letzter Zeit treten generell bei Hunden vermehrt *Hautirritationen* auf. Oft hilft wöchentlich ein Teelöffel Speiseöl zum Futter oder die Umstellung auf ein hochwertigeres Futter ohne Farb- und Konservierungsstoffe, zum Beispiel auf Hunde-Reformkost (siehe Kapitel „Die richtige Ernährung", Seite 46).

Bei einer *Allergie* kann der Hund in der Regel mit Lamm-Reis-Futter (darf aber absolut nichts anders enthalten) beschwerdefrei ernährt werden.

▬ Als ernstzunehmende Krankheit ist *Übergewicht* anzusehen. Herz, Knochen, Sehnen und Gelenke werden dadurch stark belastet, besonders bei älteren Hunden. Reduzieren Sie das Gewicht auf ca. 8 kg, und zwar durch 1 Fastentag pro Woche oder indem Sie Ihrem Hund nur 60 % der üblichen Futtermenge reichen. Auch Hundekuchen nur sparsam geben! Viel Bewegung trägt entscheidend zum Abnehmen bei (Laufen am Rad!).

Unser Tip

Das Gewicht kleiner Hunde können Sie ermitteln, indem Sie sich einmal mit und einmal ohne Hund auf dem Arm auf die Personenwaage stellen.

Parasiten

Flöhe

Sie lassen sich zum Glück im überwiegend weißen Fell des Foxterriers leicht entdecken. Die besten Flohmittel sind immer noch: Staubsauger, flinke Finger mit Speichel (stoppen den Floh) und ein Flohkamm. Gegen die Flohgifte sind die Flöhe ohnehin mittlerweile resistent.

Wichtig: Flohhalsband, Flohspray, Flohgift im Hundenacken, Anti-Floh-Tabletten und Ungeziefershampoo gelten als krebserregend und/oder nervenschädigend!

Zecken

Sie sitzen bevorzugt in hohem Gras und im feuchten Unterholz. Lassen Sie Ihren Hund also nicht immer unter alle Büsche kriechen. Auch mit Zecken müssen Sie (wie mit Flöhen) nach warmen Wintern das ganze Jahr über rechnen.

Milben

Milben halten sich vorzugsweise in den Ohren auf, können aber auch den ganzen Körper befallen. Wegen des Juckreizes kratzt sich der Hund ständig. Denken Sie also an Milben, wenn Sie keine Flöhe finden können. Hier hilft nur ein Ungezieferbad. Ohrmilben behandelt der Tierarzt.

Würmer

Wenn ein Wurmbefall unbehandelt bleibt, können teilweise irreparable Schäden, sogar mit Todesfolge, auftreten. Bei Welpen weist ein geblähter Bauch auf Würmer hin.

*Ein dicker Foxterrier ist träge!
Füllen Sie den Napf nicht zu voll*

Unser Tip

Verhindern Sie, daß Igel Flöhe und Zecken in Ihren Garten einschleppen.

Damit die Zecke nicht im Todeskampf ein Sekret mit Krankheitskeimen ausstößt, faßt man sie am besten mit einer speziellen Zeckenzange, ohne sie zu zerquetschen, lockert ihre Beißwerkzeuge durch Hin- und Herbewegen und dreht sie schließlich aus der Haut. Die Bißstelle muß desinfiziert werden.

Jeder verantwortungsvolle Züchter entwurmt seine Welpen. Wenn Sie den Kleinen anläßlich der Wiederholungsimpfung dem Tierarzt vorstellen, nennen Sie ihm den Termin der letzten Wurmkur (Züchter fragen). Routinemäßig wird der junge Hund im ersten Lebensjahr alle 3 Monate mit einem Kombinationspräparat entwurmt, später nur zweimal pro Jahr zur Vorsorge: einmal vor der Impfung, und dann wieder ein halbes Jahr später.

Wichtig: Bei Arbeitshunden ist die Entwurmung öfter nötig, weil sie Würmer von Wildlosung aufnehmen können.

Checkliste	Hundeapotheke

- Desinfektionsmittel
- Mullbinden
- Watte (zum Spreizen der Zehen bei Pfotenverband)
- gerundete Schere
- kleine Taschenlampe (für genaue Zahnkontrolle und zur Flohsuche)
- Plastikspritze ohne Nadel (zum Eingeben flüssiger Medizin)
- Augentropfen
- Ohrreiniger
- digitales Fieberthermometer
- Vaseline (zum Einführen des Fieberthermometers und zur Pfotenpflege gegen Streusalz)
- Pinzette
- Zeckenzange
- Krallenzange und Krallenfeile
- Zahnsteinschaber oder Hundezahncreme und Kinderzahnbürste
- Softmaulkorb oder elastische Binde (zum Zubinden des Fangs bei Beißgefahr)

Munter und gesund im Alter

Der Foxterrier hat eine durchschnittliche Lebenserwartung von 12 bis 14 Jahren, 16 bis 20 Jahre sind durchaus möglich.
Ab ca. 6 Jahren können sich erste Altersbeschwerden einstellen – Foxterrier sind aber meist wesentlich länger ungemindert vital, agil, munter und fit. Als erster Hinweis auf das beginnende Alter werden die Spaziergänge kürzer, weil der Hund – vielleicht wegen abgenutzter Gelenke oder einer Herzschwäche – nicht mehr so weite Strecken laufen mag.

Nierenschonende Seniorenkost

Da Harnwegsprobleme auftreten können, empfiehlt es sich, spätestens nach dem 5. Geburtstag eine Urinprobe untersuchen zu lassen. Das Futter soll bei Anzeichen von Alterserscheinungen auf drei Mahlzeiten pro Tag verteilt werden, um den Verdauungsapparat zu entlasten. Es besteht nun zu weniger als einem Drittel aus hochwertigem, leicht verdaulichem Eiweiß: wenig Rindfleisch, lieber gekochtes Geflügel oder Fisch, gebratenes oder gekochtes Ei, Hüttenkäse und Quark. Hinzu fügt man so viel ungesalzenen Reis, wie der Hund mag, um Schlackenstoffe mit dem

Harn auszuschwemmen. Auch Hundeflocken, gekochte Kartoffeln, Nudeln und Dinkel können die Mahlzeit zu mehr als zwei Dritteln ergänzen.

Wichtig: Machen Sie auf keinen Fall den schwerwiegenden Fehler, Ihren Hund nach dem 5. Geburtstag noch mit Gourmetfutter zu „verwöhnen": 100% Fleischnahrung können die Nieren nicht mehr verkraften!

Der Vitaminbedarf ist im Alter erhöht. Lassen Sie sich vom Tierarzt ein Vitaminpräparat geben. Gute Fachgeschäfte und der Versandhandel bieten auf den Bedarf von Hundesenioren abgestimmte Fertignahrung an, die Zusätze überflüssig macht.

Gesundheitsrisiko: Übergewicht

Achten Sie besonders im Alter darauf, daß Ihr Foxterrier nicht zu dick wird. Wiegen Sie ihn jede Woche. Jedes unnötig herumgeschleppte Pfund belastet das ohnehin schwächer werdende Herz, den Kreislauf, die Knochen und die Gelenke. Für alternde Hunde rechnet man ca. 200 g Naßfutter je 10 kg Körpergewicht pro Tag, also 160 g für einen Foxterrier von 8 kg, je nach Aktivität und Futterverwertung etwas mehr oder weniger. Da Feuchtfutter etwa 80% Wasser enthält, muß man diese 160 g durch fünf teilen (= 20%), um den Trockenfutterbedarf zu ermitteln: nur etwa 32 g/Tag! Vergessen Sie dabei nicht, daß 20 g Hundekuchen bereits den Tagesbedarf an fleischloser Kost decken (= $2/3$ von ca. 32 g Trockenfutter) und 100 g Feuchtfutter entsprechen!

Hin und wieder sieht man ältere Foxterrier mit Bauchwassersucht, die als Übergewicht mißdeutet werden kann.

Altersbeschwerden

Mit den Jahren hört ein Hund auch nicht mehr so gut. Schimpfen Sie ihn deshalb nicht aus, er kann ja nichts dafür. Er ist ja nicht ungehorsam, sondern versteht Sie nur nicht mehr richtig. Gut, wenn Sie Ihrem Foxterrier in der Jugend Sichtzeichen beigebracht haben, so daß Sie sich weiterhin mit ihm verständigen können.

Die Augen werden am Lebensende ebenfalls schwächer. Es kann zu einem Glaukom kommen (Erhöhung des Augeninnendrucks, Schädigung des Sehnervs), hier liegt eine Rassedisposition vor. Vollkommene Blindheit und Taubheit tritt aber nur bei 10 bis 20% aller Foxterrier auf. Der Geruchssinn bleibt am längsten erhalten. Damit allein kann ein alter Hund sich durchaus noch gut zurecht-

Ein junger Gefährte bringt dem Senior die Lebhaftigkeit der Jugend zurück

finden. Es besteht also kein Grund zum Einschläfern!

In der letzten Stunde

Nur unerträgliche Schmerzen, mit denen das Hundeleben zur Qual würde, rechtfertigen die erlösende Spritze. Bitten Sie den Tierarzt dieses eine Mal zu sich nach Hause. Bleiben Sie bis zum letzten Atemzug an der Seite Ihres treuen Freundes. Nach all den fröhlichen Stunden, die Ihr munterer Foxterrier Ihnen geschenkt hat, sind Sie ihm das einfach schuldig! Das Einschläfern können Sie vermeiden, wenn Sie Ihrem Hund mit den bewährten Notfalltropfen der Bach-Blüten-Therapie die Entscheidung für Leben (und Gesundwerden!) oder Tod erleichtern. Besorgen Sie sich aus der Apotheke oder bei einem Heilpraktiker ein Fläschchen Bach-Blütenessenz „Rescue", geben Sie wenige Tropfen davon ins Futter oder ins Trinkwasser. Eine sanftere „Sterbehilfe" (bzw. Überlebenshilfe!) gibt es nicht.

Sie werden nach dem Tod Ihres vierbeinigen Freundes einige Spaziergänge ohne Hundebegleitung auf den vertrauten Wegen machen, und bald wird Ihnen klar werden, wieviel Schönes ein Hund dem Menschen geben kann. Beginnen Sie „das ganze Theater" ruhig mit einem Welpen noch einmal von vorn. Es lohnt sich!

Anhang

Glossar der jagdlichen Ausdrücke

abliebeln: herzlich loben, streicheln

Bauhund: Hund, der in Fuchs- und Dachsbauten arbeitet

Bauhundfinder: Ortungsgerät für Hunde, die im Bau feststecken

Bringselverweiser: Hund, der durch Aufnehmen eines am Halsband befestigten „Bringsels" gefundenes Schalenwild meldet

buschieren: Jagd auf Niederwild in buschigem Gelände machen

Erdhund: Bauhund

hasenrein: Gehorsam vor Hasen

Kunstbau: künstlich angelegter Fuchsbau zum Trainieren von Erdhunden

Nachsuche: Aufspüren angeschossenen Wildes

Parforceausbildung: Jagddressur durch schmerzhafte Zwangsmaßnahmen

Parforcejagd: Hetzjagd

Raubzeugschärfe: Angriffsfreude und Mut gegen nicht jagdbare Tiere

Schalenwild: Rot- und Schwarzwild

schliefen: Eindringen in Fuchs- oder Dachsbau

schußfest: ruhiges Verhalten beim Schuß

Schweißhund: Hund, der angeschossenes Wild am Riemen auf einer Wundfährte sucht

Sichtlaut: Bellen beim Verfolgen von ansichtigem Wild

Spurlaut: Bellen auf der Fährte

Stöberhund: Hund, der Wild aus Dickungen treibt

Totengräber: Hund, der Wild verscharrt

Totverbeller: Hund, der gefundenes Schalenwild bis zum Eintreffen des Jägers verbellt

Verlorenbringer: Hund, der angeschossenes Niederwild sucht, verfolgt, apportiert

Wasserarbeit: Folgen einer Schwimmspur, Apportieren aus Wasser und Schilf

Literaturempfehlungen

Baumgart, Liesel:
„Wenn Hunde reden könnten …"
FALKEN Verlag,
Niedernhausen 1996

Baumgart, Liesel:
„Agility"
FALKEN Verlag,
Niedernhausen 1996

Edelmann, Renate:
„Mit Bach-Blüten unsere Haustiere heilen"
Ansata-Verlag, Interlaken
1990

Klinkenberg, Tillmann:
„Hundeerziehung ohne Zwang"
Naturbuch-Verlag, Augsburg
1995

Marx, Arno/Möhrke, Axel:
„Foxterrier"
Verlag Paul Parey, Hamburg
1992[3]

Mugford, Roger:
„Hundeerziehung 2000"
Kynos Verlag, Mürlenbach
1993

Adressen

Vereine

Deutschland
Verband für das Deutsche
Hundewesen e.V.
Westfalendamm 174
D–44141 Dortmund

Deutscher Foxterrier-
Verband e.V. (DFV)
Hauptgeschäftsstelle,
Zuchtbuchamt, Schriftleitung
Axel Möhrke
Dorneystr. 65/67
D–44149 Dortmund-Kley
Tel.: 0231–65812

Österreich
Österreichischer
Kynologenverband
Johann-Teufel-Gasse 8
A–1238 Wien

Österreichischer Foxterrier-
Klub
Hedwig Gaube
Kahlenberger Str. 111
A–1190 Wien

Schweiz
Schweizerische
Kynologische Gesellschaft
Falkenplatz 11
CH–3012 Bern

Schweizerischer Foxterrier-
Club
Hugo Kampmann
Lilitärstr. 1 a
CH-6060 Sarnen

Hundesport und Ausbildung

Deutschland
Deutscher Hundesport-
verband e.V. dhv
Postfach 6006
D-44517 Lünen
Tel.: 0231-8 79 49

Österreich
Österreichischer
Gebrauchshundeverein
Biberhaufenweg 100/b
A-1220 Wien

Schweiz
Hund und Freizeit
Sekretariat
Postfach
CH-2532 Magglingen

Jagd

Deutschland
Jagdgebrauchshund-
Verband e.V.
Ahrenloher Weg 6
D-25497 Prisdorf

Bezugsquellen

Deutschland
JUVENTAS
Transvaal 73
D-29379 Wittingen
(fell- und federbesetzte
Dummies, Jagdzubehör)

Schecker Tier & Technik
Ostvictoburer Str. 109
D-26624 Südbrookmerland
(Hunde-Reformkost,
Isolierdecke, Autodecke,
Spielzeug, Jagdzubehör usw.)

Österreich
PET-Shop
Postfach 11
A-5282 Ranshofen
(Hunde-Reformkost,
Isolierdecke, Autodecke,
Spielzeug, Jagdzubehör usw.)

Schweiz
Specht-Versand
Postfach
CH-9202 Gossau
(Hunde-Reformkost,
Isolierdecke, Autodecke,
Spielzeug, Jagdzubehör usw.)

Register

Dieses Buch wurde auf chlorfrei gebleichtem und säurefreiem Papier gedruckt.

Ein herzlicher Dank für die Unterstützung bei den Fotoarbeiten gilt den Zwingern „Aus dem Hexenhaus", Iris Schnürer, 61194 Bönstadt/Niddatal, „Vom Hahnenwald", Otto Baumann, 61194 Assenheim/Niddatal und „Von der Barbarossaquelle", Heinrich Gockscha, 63679 Schotten.

Die Deutsche Bibliothek – CIP-Einheitsaufnahme

Baumgart, Liesel:
Foxterrier : Anschaffung, Pflege, Erziehung / Liesel Baumgart. – Niedernhausen/Ts. : FALKEN, 1997
ISBN 3-8068-1811-8

ISBN 3 8068 1811 8

Umschlaggestaltung: Peter Udo Pinzer
Layout: David Barclay, Neu-Anspach
Redaktion: Dr. Gabriele Schweickhardt
Herstellung: Albert Brühl, Monika Decker
Titelbild und Umschlagrückseite: Christine Steimer, Wölfersheim
Fotos: Agentur Cogis/Lili: S. 78; Liesel Baumgart, Marne: S. 26, 37, 46; **Fa. Karlie,** Haaren: S. 79; **Annegret Oesterwind,** Kirchlinteln: S. 21; alle übrigen Fotos stammen von **Christine Steimer,** Wölfersheim
Zeichnungen: Andrea Salisch, Wiesbaden

Die Ratschläge in diesem Buch sind von der Autorin und vom Verlag sorgfältig erwogen und geprüft, dennoch kann eine Garantie nicht übernommen werden. Eine Haftung der Autorin bzw. des Verlags und seiner Beauftragten für Personen-, Sach- und Vermögensschäden ist ausgeschlossen.

Satz: DM-SERVICE Mahncke & Pollmeier OHG, Rodgau
Druck: Druckhaus Cramer, Greven

817 2635 4453 6271